宏观经济管理与实践

杜 鹏 著

黑龙江科学技术出版社
HEILONGJIANG SCIENCE AND TECHNOLOGY PRESS

图书在版编目（CIP）数据

宏观经济管理与实践 / 杜鹏著 . -- 哈尔滨 : 黑龙江科学技术出版社 , 2023.7（2024.3 重印）

ISBN 978-7-5719-2064-7

Ⅰ . ①宏… Ⅱ . ①杜… Ⅲ . ①宏观经济管理 - 研究 Ⅳ . ① F20

中国国家版本馆 CIP 数据核字 (2023) 第 118029 号

宏观经济管理与实践

HONGGUAN JINGJI GUANLI YU SHIJIAN

作　　者　杜　鹏

责任编辑　蔡红伟
封面设计　张顺霞
出　　版　黑龙江科学技术出版社
地址：哈尔滨市南岗区公安街 70-2 号　邮编：150007
电话：（0451）53642106　传真：（0451）53642143
网址：www.lkcbs.cn
发　　行　全国新华书店
印　　刷　三河市金兆印刷装订有限公司
开　　本　710mm × 1000mm　1/16
印　　张　16.5
字　　数　242 千字
版　　次　2023 年 7 月第 1 版
印　　次　2024 年 3 月第 2 次印刷
书　　号　ISBN 978-7-5719-2064-7
定　　价　60.00 元

-前　言-

全球化趋势下，各种经济力量交互影响，给我国社会主义市场经济带来了机遇与风险并存的局面。为此，建立新的宏观经济管理体制显得尤为必要和迫切。与此同时，我国社会主义市场经济体制的建立与发展，又对我国的宏观经济管理提出了更高的要求。然而，基于我国的国情和发展实际，国际上并没有可供我们借鉴的成熟经验，需要我们结合改革的进程从实践中去积极探索和研究。本书正是为适应这种探索和研究而编写的。

全书分为十章，第一章基于理论的阐述，主要介绍了宏观经济的概念、宏观经济的运行过程，以及资源配置与宏观经济管理；第二章到第五章，分别从宏观经济调控、宏观经济模型、宏观经济预测理论和方法、宏观经济管理几个方面展开分析；第六章到第十章主要介绍宏观经济政策，先从总体上解析宏观经济政策，进而分别从财政政策、投资政策、货币政策及产业政策几个方面分开阐述。本书内容丰富，能够为我国市场经济的发展和宏观经济管理实践提供借鉴和参考。

在撰写本书的过程中，笔者参阅了相关研究成果，并对其中一些观点进行了引用，在此对其研究者表示衷心的感谢！由于时间较为仓促，笔者精力有限，书中难免存在一些不足之处，敬请各位同行和广大读者予以批评指正。

-目　录-

第一章　导论

第一节　宏观经济的概念

宏观经济所包含的范围较广，是由政府参与的经济。世界各个国家对于宏观经济是非常重视的，它在政府的行政体系中占据着重要的地位。宏观经济是一个国家整体实力、人民和社会生活与发展水平的体现。

宏观经济是什么？依据大多数资料，对于宏观经济的定义是：宏观经济是一国经济活动中生产、分配、交换和消费的总量和结构，它是整个社会的整体经济和“大”经济。

一、主要宏观经济变量

（一）国民生产总值（Y）

国民生产总值被定义为一个国家在一个特定周期内的总产出量与总服务量之和，通常以该国的货币单位作为计量单位。所谓总产出量，是指该国在这一特定时期之内（通常指一年之内）所生产出来的一切有形产品，从钢铁、矿石，到衣服、蔬菜，无所不包。而总服务量则包括一切无形的服务，从交通运输、旅游、演出，到理发师、图书馆等提供的服务，以及医生治病、托儿所等也都统统计入总服务。国民生产总值是衡量一个国家经济活动的最重要的数据。当我们从报纸上看到某个国家的人均国民生产总值是 XX 美元，指的就是这项指标除以该国的人口总数，将其折合成美元只是为了便于与其他国家相比较。过去的经济学书上一直用 GNP（gross national product）作为国民生产总值的简称。近年来，经济学家更倾向于用国内生产总值（gross domestic product, GDP）来计量它。GNP 和 GDP 的差别仅仅在于前者计算所有属于该国居民的产值，例如中资公司在海外创造的产值应计入中国的国民生产总值，外国投资者在中国生产出来的属于外国人的部分应从中国的国民生产总值中减去；而后者则强调在该国境内的生产服务，无论拥有者是否为该国居民，统统计入。我们可以想象到，对中国、加拿大或美国这样的大国来说，这两种算法的结果，差别应该不会太大。各国的统计局都在尽可能精确地进行统计，他们各自使用的统计方法可能不尽相同，经济学家在分析这些数字的时候，也会把统计误差考虑进去。下文中我们就用字母 Y 来表示国民生产总值。

（二）价格水平（P）

在宏观经济学里，价格水平是一个与时间密切相关的相对性概念。“价格”是指总的平均价格，“相对”是指这一时期的价格相对于另一个时期的价格而言。一些国家的统计局往往选定一批有代表性的商品，观察记录它们的价格变化情况，再加以加权平均，从而得到各个不同时期（月、季度或年度）的价格水平。为了突出“相对”概念，价格水平都以“无量纲”的形式表达，即选定某一年作为“基准年度”，把那一年的价格水平算做 100，下一年如果物价平均上涨了 10%，则记作 110，依此类推。为了分别分析人们的生活受物价的影响情况和工业生产受原材料等价格影响的情况，统计机构还会分别选定不同类别的商品来计算“消费物价指数”和“工业品物价指数”，我们用字母 P 来表示价格水平。

（三）通货膨胀率（π）

如果明白了价格水平的含义，通货膨胀率的意义也就很容易理解了。通货膨胀率定义为该时期与前一时期价格水平变化的百分比。例如，今年的价格水平为 P=123，去年的价格水平为 P_{-1}=118，则今年的通货膨胀率 π 就是：

$$\pi=\frac{P-P_{-1}}{P_{-1}}=\frac{123-118}{118}=4.2\%$$

注意，价格水平是相对于基础年份而言的。例如，我们选定 1980 年为基础年，则无论是 1980 年之前的所有年度，还是 1980 年之后的各个年度，都要以 1980 年作为基准。可能 1965 年的价格水平是 85，1992 年的价格水平是 123，等等，因而价格水平又可以被称作价格指数。而通货膨胀的概念则与基础年份无关，只考虑相邻两个年度之间的价格变化率。除了年通货膨胀率之外，还有月、季度通货膨胀率，其定义和计算方法也都类似。由于通货膨胀率直接影响到人们的生活水平，所以公众对这一指标非常敏感。

（四）失业率（U）

失业者在宏观经济学中被定义为属于就业年龄（如在 16 ～ 65 岁），本人愿意工作而又没有工作的人。但本人不愿意工作的人，例如学生、家庭妇女等，则不被算作失业者。失业率被定义为失业者在整个适龄工作人口中所占的比例。这项指标统计的精确程度，取决于该国的整个社会信息系统的完善程度。一般说来，工业化国家统计这项指标的精确度要比发展中国家高一些。

（五）利率（R）

利率即银行平均利息率。一般发展中国家由于金融体系尚不完备，大众对这一指标的反应就不如工业化国家的大众那样敏感。从后面的分析中我们将会看到它在市场经济运作中起着多么重要的作用。相信随着市场机制的逐步完善，我国大众也会对利率的变化做出明显的反应。

（六）货币兑换率（E）

货币兑换率的定义是每一单位本国货币可以购买多少另一国的货币。例如人民币对加拿大元的兑换率是 0.2，就是说 1 元人民币可以换 0.2 加拿大元，或者说 5 元人民币等于 1 元加拿大元。至于如何确定兑换率，后面还要加以讨论。

讨论上述各变量的变化规律，以及它们之间的相互作用关系就是宏观经济学研究的主要内容。

在宏观经济学里，我们不区分汽车市场与茶叶市场，而把所有的商品汇总起来研究。所有的经济活动，都被我们归纳在下列三个市场中进行：一是货物市场。货物市场包括所有的有形产品、无形产品和服务。当我们说“货物市场需求”的时候，就是指从汽车、茶叶到旅游、理发等一切产品和服务的总需求。同样，“货物市场供应”就是指从钢铁、食品到医生、托儿所提供的服务等所有产品和服务之总供应量。我们用货币单位“元”作为货物市场的度量单位。这样的话，1 吨钢和 1 个医生 1 天的服务就很容易被加到一起了。二是金融市场。金融市场又被称为货币市场。一切货币的流通、政府债券和其他所有有价证券的买卖交易，都在这个市场上进行。三是劳动力市场。因为我们把所有产品和服务都不加区分地归入了“货物市场”，那么我们也就很自然地把所有人力资源的就业情况纳入一个简单的“劳动力市场”。在这里，我们不对医生和司机作区别，只考虑总就业量的多少。当然，在一些特殊的经济模型里，我们可能会把所有适龄工作的人分为两大类：技术劳动力和非技术劳动力。技术劳动力是指那些需要专门训练才能胜任工作的人，例如教授、医生、厨师、演员等；非技术劳动力是指那些不需专门训练就可以胜任工作的人。

二、宏观经济的客观性

宏观经济是客观存在的。就像有些人会问：“美国经济和日本经济都有这么多的问题存在，为什么那么多的经济学家和政府官员就没有办法解决呢？”

要知道，宏观经济规律是客观存在的，它不以个人的意志为转移，宏观经济背后是有规律的，我们要学会分析、判断和适应它。

例如，美国联邦储备委员会前主席艾伦·格林斯潘（Alan Greenspan）作为美国中央银行的行长，他能决定利率的升与降。其在 2002 年降了 11 次利率，到 2003 年又降了 2 次利率，希望通过利率变化来改善经济状况，但是他不能左右美国经济的走势。我国同样如此，中国人民银行也连续 8 次降息，希望把经济拉起来，但人们的消费和投资行为不一定按政府的意愿，居民储蓄额从 1996 年的 4 万多亿元人民币，增长到 2004 年初的 11 万亿元人民币。在很长一段时间，政府靠积极的财政政策拉动经济增长。而日本的利率则更是趋近于零了，经济仍然长期处于停滞的状态。

所以我们可以看到，无论是美国政府，还是日本、中国政府，都不能影响一个国家的宏观经济走势。宏观经济规律是客观存在的，它不取决于人的意志，不管是谁，你只能适应情况，却不能影响它。如果违背了其规律，它肯定会以失败告终。

宏观经济好比天气，没有人能决定它的冷热。冷的时候，人们只能多穿衣服；下雨的时候，只能带上雨伞。而在经济中，当价格指数很低的时候，人们就认为，为什么我们企业的产品不能卖，价格不能再提高一点吗？但是显然，商品价格指数只能这样低，当总供给超过了总需求，企业就不应该再生产，否则只能低价出售。

明白宏观经济是客观存在的，作为学生、企业家、中央和地方政府官员，必须学会面对这一现实，才能做出自己的分析判断和选择。如果不知道宏观经济的知识，便要付出昂贵的代价。1997 年亚洲金融危机，中国和韩国有很多大企业倒闭，部分亿万富翁身价下跌。这样的例子很多。因为他们不了解宏观经济问题，所以他们在股市最热的时刻来到市场，在金融危机爆发、股市泡沫破裂、难以逃脱的时候退场。如果他们有关于宏观经济的常识，就可以看出经济指标。这样，在经济下跌时才能及时撤退，保存实力。

研究宏观经济学最重要的是，能教人们从指标中看到变化，当他们看到一些数据变化时，能够思考它们之间的联系，想到它表达了些什么，给了什么启示。所以人们应该学会分析和预测经济趋势，看清未来经济发展方向。

比如，我们要了解税率、了解利率、了解汇率、了解证券市场、了解资本市场等一系列知识，知道宏观经济学的重要性，要懂得经济是有周期的，一国经济是有生产可能性边界的，什么东西热过了头都会回来。大家都去追求一种东西时，价格肯定向上；大家都去贷款时，贷款利率肯定向上。当所有的东西热到一定程度，我们就要警惕了，自己是否接到了最后一棒。如果了解经济是有周期性波动的，它有一定的运行规律，我们就会知道何时应该把握机会，何时应该避免风险。

宏观经济学是一门博大精深的学问，有太多内容需要学习，有太多知识还在不断发展中。本书主要想引起读者学习宏观经济学的兴趣，去掌握宏观经济学的基本知识，同时把这种知识变成一种宏观经济分析的能力，并把它运用到自己的工作和学习中去。

三、宏观经济结构

（一）结构分析的内容

经济结构分析所包含的内容是非常广泛的，至少可以包含产业结构、需求结构、地区经济结构、城乡经济结构、所有制结构、收入分配结构、消费结构、企业结构、技术结构等。其中，产业结构在整个经济结构中居于主导地位。因此，关于宏观经济结构的分析，我们只对我国的产业结构、工业结构、地区结构和城乡结构四个问题进行分析。

（二）产业结构分析

1. 产业结构的含义和分析的内容

所谓产业结构，是指生产要素在各产业部门间的比例构成和它们之间相互依存、相互制约的关系，即一国或一地区的资金、人力资源和各种自然资源与物质资料在国民经济各部门之间的配置状况及其相互制约的方式。这里包括三次产业之间的比例关系，工业、农业、建筑业、交通运输业、商业、服务业等及其内部部门之间的比例关系等。一般是以产业增加值在 GDP 中的比重和产业就业人数在总就业人数中的比重来表示。

产业结构分析的内容及所实现的目标主要是两点：一是产业结构的均衡，二是产业结构的高度化。

这两个目标是不能互相替代的。产业结构均衡不能代替产业结构高度化。虽然结构均衡十分重要，但不是唯一目标，更重要的目标是结构的高度化，即结构的质量问题。原因如下。

产业结构的均衡只是要求如何缩短“长线”产业，拉长“短线”产业，以求得产业之间均衡协调发展，它不能说明产业结构自身发展的趋势及长期性战略目标，产业结构必然是从低度化向高度化方向发展，产业结构的均衡解决不了产业结构升级的问题。

产业结构的均衡，可以是建立在低水平上的均衡，也可以是建立在高水平上的均衡，也就是说，在任何一个水平上都可以建立起均衡。如果我们只注意结构上的均衡，就会掩盖产业结构低度化问题，不利于实现产业结构的高度化，而对于实现经济发展的长期目标来说，结构的高度化要比结构的均衡更具有战略意义。就我国目前情况来说，结构失衡问题和结构低度化问题都存在，因此，研究产业结构必须同时对这两个方面的问题进行探讨。

2. 产业结构高度化的实现形式

产业结构从低度化向高度化演进，即产业结构的不断升级，其实现形式主要是通过三次产业的结构变化和工业内部结构的变化表现出来的。

三次产业结构的变化，即资源在三次产业间的分配和再分配问题，通常是用来表示一国或一地区产业结构水准高低的一个标准。其理由主要是，资源再分配效率在经济增长中起着重要作用，资源再分配总是面向效率更高的行业，因此，经济效益高的产业在国内生产总值中所占比例越高，它们对整个经济增长的贡献就越大，国民经济的增长就越稳定。在这一原则下，三个部门结构变化的总趋势是，第一产业 GDP 比重和就业比重不断地下降，第二产业和第三产业的 GDP 比重和就业比重不断地上升。

工业是现代经济中最重要的产业部门，工业结构的状况直接影响着国家产业结构的整体水平。从 20 世纪 80 年代中期开始，我国的工业增长率支撑着国民经济的增长率，在 GDP 占比中贡献最大。工业化国家的工业经济理论和实践表明，工业结构将经历三个阶段：第一阶段是重工业化阶段，中心由轻工业转向重工业，重工业所占比例不断增加，成为主导产业；第二阶段是高加工度化阶段，在这个阶段中，工业结构从以原材料工业为中心转变为以加工装配为中心，意味着制造装配工业的发展速度要快得多，降低了对原材料的依赖程度，工业的深加工水平不断提高；第三阶段是技术集约化阶段，这一趋势不仅表现在各行业越来越多地采用新技术和高科技，同时也表现在创造新的、越来越大的高科技产业。随着产业结构的发展趋势变化，资源密集度发生了变化，从劳动密集型产业向资本密集型产业转变，然后是技术密集型产业。

3. 工业化任务和结构

工业化是一个自然的历史过程，而工业化的标准正随着历史的发展而变化。200 多年来，世界大部分国家经历了从传统工业化向现代工业化转变的过程。

传统的工业化是一个国家建立一个完整的工业体系，引领现代工业进入国民经济，实现从落后的农业国家向发达的工业或工业—农业国家的转变，以及社会生产大幅度提高的过程。它的主要特点是：①制造业份额逐渐增加，甚至占主导地位；②制造业就业劳动人口亦有增加的趋势；③这两项增幅亦伴随整体人均收入的增加；④逐步改善制造业的工业结构，提高技术水平。

因此，传统工业化是以第一产业比重下降，第二产业比重上升为主要标志的，追求第二部门在社会经济生活中的主导作用。然而，随着科技的发展、信息经济的到来，技术和信息在经济生活中的作用越来越重要，基于技术和信息的服务体系也迅速发展。随着工业化进程的加快，第二产业（制造业）的比重没有增加。在美国，第二产业占国民收入的比例在 1950 年为 37.0%，1980 年降至 26.4%；第二部门的就业率也从 1980 年的 29.3% 下降到 1986 年的 26.5%。占据主导的不再是第二产业，而是第三产业。

我国著名经济学家张培刚教授把工业化进程称为“一系列基要生产函数连续发生变化的过程”，准确地把握了工业化进程的实质。国内外许多经济学家对工业化研究的结果也表明，工业化不仅是一个综合的指标体系，而且是一个动态的过程。

第二节　宏观经济的运行过程

一、宏观经济运行总体构成

从总体上说，可以将宏观经济划分为国家政府部门、市场、企业（微观基础）三个基本组成部分。这三个组成部分相互联系，彼此依赖，构成了庞大的宏观经济运行总体，并在宏观经济运行中发挥着不同的作用。政府是国家宏观调控的主体，启动并把握着经济运行的方向；企业是宏观调控的微观基础，是宏观调控体系的终端；市场是政府与企业之间的中介层次，发挥着国家宏观调控意志与企业微观经济活动之间的信息传导作用，并使二者衔接起来。政府—市场—企业三者相互联系，相互作用，推动着整个国民经济的运行和发展。

（一）政府

1. 政府的经济行为

提起“政府”，人们很自然地会把它与政治、行政相联系，但仔细分析，政府不但是一个行政机构，而且与经济联系极为密切。特别是在宏观经济运行中，政府不仅是宏观经济的一个组成部分，而且还是宏观经济运行与调控的主体，政府的种种经济行为和管理行为对宏观经济的运行影响极大。这就是为什么要把国家政府部门作为宏观经济组织结构的一个重要组成部分和宏观经济运行总体的一个重要层次。

政府在宏观经济运行中的经济行为及其产生的影响非常广泛，归纳起来主要表现在以下几个方面。

（1）财政收入和支出活动的主导者

财政收入占国民收入或国内生产总值的比例是观察分析一个国家政府活动能力的重要指标。目前世界上大多数国家财政收入占国内生产总值的比例都在 40% 以上。由此可见，财政收入及其量入而出的财政支出，对于社会总供给与社会总需求的平衡，以及整个国民经济的发展都会产生重要的影响。

（2）社会商品的购买者和消费者

国家机构是一个庞大的组织体系。这个组织体系不但要承担国家的行政和经济管理的职能，而且要拥有军队、警察，建立众多的驻外机构，以承担国防、治安、外交等重大的政治任务。为了维持政府这个庞大机构的生存并履行其所承担的各项政治、经济、行政、军事等职责，就要付出巨大的物质消耗和劳务消耗。由于政府既不是物质生产部门，也不是劳务提供部门，因此在市场经济条件下，这些巨大的消耗只有通过政府，按照等价交换的原则向社会生产部门和劳务服务部门进行商品和劳务的购买，才能得到补充。此外，政府对于社会商品的购买有时不仅是为了自身的消费，还有进行宏观调控的目的。例如，为了调节粮食供求关系，平抑粮食价格，政府在丰收之年大量购进粮食，在歉收之年又把购进的粮食投向市场，这样既能保护农民生产粮食的积极性，又能保护广大消费者的利益。

（3）法定货币的发行者和控制者

货币在人们的经济生活中发挥重要的作用。货币数量，对于宏观经济的运行具有重大影响。一般来说，流通中的货币数量应该与商品和劳务的价格成正比，与货币的流通速度成反比，违背了这一比例关系，就会造成社会总供给与社会总需求的失衡。

在市场经济条件下，政府之所以能够控制流通中的货币数量，首先是因为它是法定货币的发行者。这是因为，在市场经济条件下，流通中的货币不是由等价商品来支持的，而是由对国家政府金融机构的信用来支持的。因此，法定货币必须要由国家政府的金融机构——中央银行来发行。中央银行掌握了货币发行权，也就掌握了对流通中货币数量的控制权。

（4）宏观经济的管理者和引导者

以上分析了政府部门的经济行为，但国家政府作为宏观经济调控的主体，毕竟还有管理行为，而且这种管理行为对于宏观经济运行还起导向和控制作用。实际上，市场经济条件下，宏观经济运行受到两种力的制约，即受到市场机制的内在调节力和政府宏观管理的外在控制力的制约。在任何时候，宏观经济的运行情况都是这两种力合力作用结果的反映。因此，如果这两种力相互协调、相辅相成，所形成的合力就能保证宏观经济正常健康地运行。否则，如果其合力相互矛盾、相互抵销，就会造成宏观经济运行的紊乱。

2. 政府的经济职能

社会主义市场经济条件下的政府经济职能，概括起来主要有以下几个方面。

第一，制订经济社会发展计划。为了实现现代化建设的长远战略目标，既快又好地发展国民经济，促进社会全面进步，有必要根据党和国家的总路线和总目标要求，按照客观经济规律，制订国民经济和社会发展计划。国家计划是党在一定时期的纲领、路线、方针、政策的具体化，是宏观调控的主要依据。制订科学的中长期计划和年度计划，能够为社会各方面指明共同的发展目标，运用计划和市场两种手段引导部门、地方和企业的活动，协调重大结构和利益关系，保证国民经济健康地发展。

第二，有些方面需要改进，资源需要分配，这是为经济发展和市场运作创造有利条件的重要因素。一部分资源主要用于市场目的，在分配应该而且能够发挥市场作用的资源时，必须发挥市场的作用。然而，在某些领域，资源必须在政府的直接参与或协助下分配，包括交通、通信、能源、水利和其他基础设施的前瞻性发展，建设周期长，资本回报缓慢，难以保证，完全依赖竞争性市场，否则会影响这些领域的建设规模和速度、商品和服务。主要涉及教育的发展、员工培训、文化发展、医疗保健、环境保护、领土建设，这些对人力资源开发和社会协调发展的投资对于促进健康的经济发展至关重要。协助和支持某些战略部门的发展，特别是基础研究和关键技术的发展，支持和促进欠发达地区经济的发展，促进各地区经济共同发展，加强对国有资产的控制，防止国有资产流失，促进国有资产合理重组，在以上方面做好充分准备，可以为经济发展创造有利条件，使整个经济得到更有效的发展。

第三，获取信息。市场经济实际上是一个分散的多方利益相关者的决策过程，而且为了使千百万经济主体的政策和行动与国家宏观经济目标和政策保持一致，必须公布和传播信息，指导部门、地方政府、商业界和个人对理性决策的反应。经济信息传递和市场反应的时机具有不确定性，政府向企业提供所有信息，以及与企业生产和经营决策有关的问题，使个体企业的生产经营能够更好地适应社会需求，更接近政府选择的发展历程，因此整个国民经济的运作更加协调。改善市场的信息结构，降低经济活动的不确定性，纠正市场匹配失败的信息，可以减少市场经济的波动。国际经验显示，及时提供大量利于信息无障碍获取的服务，是国家调控经济的一种非常有效的形式和工具，市场经济越发达，信息的快速传递就越重要。

3. 政府是宏观调控的主体

（1）中央政府是宏观经济运行与调控的中枢

宏观经济运行与调控是一项复杂的系统工程，要实现宏观调控目标，必须有一个统一、权威、高效的中枢机构，这就是中央政府。中央政府应当从宏观经济运行与调控的实际需要出发，进一步理顺政府各部门之间的关系，逐步建立起以下宏观调控系统。

第一，宏观经济决策系统。宏观经济决策是国家代表全社会的利益，对国民经济发展的总体目标和实施方案做出抉择的过程。决策系统由有关政府部门、综合部门，以及科研、咨询部门组成。宏观经济决策对国民经济全局具有举足轻重的影响。决策程序要科学化、民主化。重大决策需经最高权力机关批准方能生效。国家发展和改革委员会和经济发展战略研究、咨询部门，在宏观经济决策中发挥着核心作用。

第二，宏观经济运行系统。该系统包括生产、流通、分配、消费几个子系统，由国家机关、各级各类企业及社会成员组成。该系统的基本职能是保证社会再生产各环节正常运转，并尽可能符合经济发展的总体目标。中央政府所辖的流通等有关业务部门在宏观经济运行中发挥着极其重要的作用。

第三，宏观经济信息系统。经济信息是反映经济活动特征及其发展变化情况的各种消息、数据、情报和资料的通称，它主要由国家信息中心、社会统计系统、银行信息系统、科学技术情报系统，以及各专业和综合性职能部门的信息系统组成。信息系统从事获取、加工、贮存和传输各种经济信息的工作，并将其及时、准确地输入宏观决策和控制系统，是宏观调控的神经系统。

若以上宏观调控诸系统的功能全面发挥，中央政府就能有效地对宏观经济实行决策、指挥、调控、监督，形成高效率、强有力的宏观调控中枢机构。

（2）合理划分中央和地方经济管理权限

经济运行是在一定的空间和时间进行的，是由社会再生产的不同环节构成的。同时，经济决策权及其经济权限，是由不同层次的政府机关和其他有关方面分享的，不可能统统集中在中央政府手中。因此，市场经济的宏观调控，应当合理划分中央同地方的管理权限，形成分层调控体系，对于我们这样一个社会主义大国的经济体系来说更应如此。

实行分层调控不可避免地会发生中央与地方之间的利益矛盾。因此，必须力避地方政府凭借权力，对中央的宏观调控举措进行地方性干扰，甚至从地方利益考虑而搞各自为政的地方封锁，损害宏观调控的效率。总之，市场经济的宏观调控，既要有层次性，又要保持统一性，把中央调控和地方调控有机结合起来。

（二）市场

市场是宏观经济调控的中介。市场作为联结宏观经济与微观经济的纽带，是经济运行的关键环节，在宏观调控体系中发挥着极其重要的作用。

1. 市场构成及其功能

（1）市场及其构成

市场是商品和劳务交换的场所，是一切交易关系的总和。在市场经济条件下，市场处于经济运行中心的地位，覆盖整个社会经济生活，发挥着衔接宏观经济调控和微观经济基础的中介作用，是经济调控体系的重要一环。从经济运行的角度分析，凡是市场都由供求、价格、竞争三个基本要素构成。这三个要素相互联系，相互依存，又相互制约，形成一个自动运转的体系，推动着市场经济不断发展壮大。

①供求要素。供求关系的矛盾运动，是市场运行的中心。一般来说，供求状况及其发展趋势是否平衡，是国民经济重大比例关系是否协调，生产结构同消费结构是否适应，以及整个经济形势好坏的最全面、最灵敏的指示器。市场供求平衡是一个相对的概念，或者说是一种趋势。平衡总是相对的、易逝的，不平衡是绝对的。从不平衡趋向平衡，又从平衡进入新的不平衡，进而达到新的平衡，是市场供求关系运动的一般规律。

②价格要素。价格是价值的货币表现和价值规律借以发挥作用的形式，是市场运行的核心。价格不仅反映价值规律的内在要求，也反映市场供求关系的变化。价格的变动与供求关系紧密相连，互相作用，互相影响。市场上某种商品供过于求时，价格下降；供不应求时，价格上升。反之，价格较高时，会增加供给；价格较低时，会减少供给。价格的运动就这样调节着企业的生产经营和市场供求平衡运动。价格通过调节市场供求关系，决定着社会资源在社会各部门之间的合理配置。价格运动对微观主体还发挥着提高生产效率

的强制作用。

③竞争要素。市场竞争是指在商品交换过程中，各利益主体为占据有利地位而进行的实力较量和斗争。竞争是市场经济的必然产物，是价值规律借以实现的条件和表现形式。因此，只要存在市场，就必然存在竞争。生产者与生产者之间的竞争，消费者与消费者之间的竞争，可以使供求机制、价格机制充分发挥作用，还可以通过调节供求关系来调节社会生产活动。优胜劣汰的强制规律会使有的企业破产，但对经济全局有益，这正是资源优化配置的具体体现。

（2）市场的功能

①资源配置功能。在市场运行过程中，由于供求关系的变化，价格的导向作用和竞争、风险机制的作用，社会资源始终处在流动过程中。资源流动的大致趋向，是从经济效益较低的部门，流向经济效益较高的部门。这样，在国家宏观调控下，就可能通过经济主体的个量平衡，逐步达到总量平衡，使各生产部门之间大体上保持一定比例关系，实现资源的优化配置。

②信息传导功能。在市场上，企业是作为生产者和消费者的双重身份出现的。作为生产者，企业根据市场信息确定生产计划，组织生产活动；作为消费者，企业又要根据市场信息购买各种生产资料。大量的经济信息在市场上集中和释放，指挥着众多企业的决策行为和市场行为。国家则可以根据市场的不同信息，采取不同调控手段或调整调控力度，保持国民经济持续、快速和健康地发展。

③价值实现功能。商品与劳务要为社会所需要，实现其包含的价值，这只有在市场的相互交换中才能得到检验和证明。产品进入市场，首先要经过消费者的检验和挑选，同时还要受到同类产品的生产者的约束。产品与劳务如能在市场上顺利交易，则表明其通过了消费者的检验和承受住了竞争的压力，表明创造它们的劳动得到了社会的承认，其价值也得到实现。市场就是产品价值得以实现的场所。

④节约劳动功能。市场是天生的平等派。市场运行的原则是等价交换，一定价值量的产品只能与同等价值量的产品相交换。这一法则强制微观经济

主体千方百计地降低产品成本，使其产品的个别价值低于社会价值，以获取最大利润。如果产品的个别价值高于社会价值，生产这种产品的企业就会亏本，甚至倒闭。从总体上考察，市场机制具有节约社会劳动，促进生产效率提高的功能。

市场的上述功能是宏观调控得以发挥作用的前提条件。

2. 市场体系

（1）市场体系的构成

市场体系从不同角度划分，可以有多种不同的类型。从商品进入市场的形态划分，市场体系主要由以下部分构成。

①商品市场。商品市场是以生活资料为主要商品进行交换的场所。商品市场与人们的衣、食、住、行等日常生活息息相关，联系着千家万户，是市场体系的重要组成部分。商品市场还包括生产资料市场，在这里进行生产资料的交换，以满足社会生产需求。生产资料市场是实现社会再生产的重要条件，也是调节资源配置和生产者利益的有力工具。生产资料市场与消费品市场虽然存在重大差别，但两者都是以实物形态的商品交换为客体的，是整个市场体系的基础环节。

②金融市场。这是经济主体之间相互融通资金的场所。金融市场可以调剂资金的供求，提高资金的使用效率。金融市场可以分为货币市场和资本市场，以及外汇市场和保险市场。货币市场主要调节短期资金，通过银行之间的拆放、商业票据贴现、短期国库券发售等方式，融通短期资金，加快资金周转。资本市场主要进行货币资金的商品化交易，把实际储蓄变为中长期的实际投资，运用储蓄手段吸收社会闲散资金，通过发行公债、股票、债券等形式筹集长期资金，通过证券交易流通创造虚拟信贷资金，为社会再生产规模的扩大创造条件。金融市场对国民经济发展有巨大作用。

③劳动力市场。它是劳动者向社会提供劳务的场所。劳动力市场有利于促进劳动力的合理流动，实现生产资料和劳动者的优化组合。其基本原则是个人有选择职业的自由，企业有选择用工的自由，建立起企业和职工双向选择的就业机制。在劳动力市场上，劳动者可以通过合同制、招聘制、雇佣制，

以及临时性服务等形式得到就业机会。发展劳动力市场，对于解决就业问题，提高生产效率有重大意义。但劳动力市场应与社会保障体系相互适应，同步发展和完善。

④技术市场。这是技术商品进行交换的场所。主要包括技术成果的有偿转让、技术咨询、技术承包、技术性服务等多种形式。科学技术是第一生产力。发展技术市场对于将科研成果转化为生产力有直接的推动作用，同时，对于企业的技术改造和更新也是不可缺少的。技术市场还有利于激发科技工作者巨大的潜能，这对于实现经济现代化是必不可少的。

⑤信息市场。这是信息商品交换的场所。信息是实现国民经济现代化的重要资源。一定意义上说，信息产业的发展可以反映一个国家的经济发展水平。进一步发展、完善信息市场是建立市场体系的迫切要求。没有信息市场，就不会形成完善的市场体系。信息市场包括信息转让、信息咨询、信息服务等交易活动。信息是智力产品，发展信息市场对于进一步开发人才资源也是具有积极意义的。

⑥产权市场和房地产市场。即企业产权转让和房地产交易的场所。发展产权市场，一方面可以鼓励经济效益好的企业通过兼并、购买产权壮大经济实力，加速发展；另一方面也可以通过产权让渡，关、停、并、转那些生产经营不好的企业，使社会资源得到合理配置。大力发展产权市场是市场经济的客观要求，也是实现资源优化配置的有效途径。同时，还要发展房产买卖、出租，以及土地所有权的有偿转让和土地有偿使用为主要内容的房地产市场。

（2）市场效果评价

第一，市场效果的评价标准。市场效果是反映市场运行状况的概念，它表明市场运行的好坏及其程度。评价市场效果的主要标准：①供求总量与结构是否合理；②产业结构是否合理；③经营利润是否合理；④技术进步是否以较快的速度进行；⑤企业规模是否合理；⑥市场运行是否能够有效地杜绝浪费并能充分节约社会劳动。

一般来说，市场效果的状况是由两个因素决定的。首先是市场结构。所谓市场结构，就是市场活动中卖方内部、买方内部，以及买方和卖方相互之间的关系状况，它体现了市场是否具有竞争性和市场效益高低。市场结构状况取决于：①买者和卖者的集中程度；②产品可替代性的强弱；③产业之间的进入壁垒；④市场需求与供给的适应状况；⑤市场供求的价格弹性。如果这五个方面能使市场富有竞争性和具有高效益，那么市场效果就会很好。否则结果相反。其次，与市场结构一起影响市场效果的另一个重要因素是市场行为。所谓市场行为，就是企业在市场活动中为了赢得更大利润和更高的市场占有率而采取的战略性行为。其中主要包括：①企业的价格政策；②企业的产品政策；③企业的竞争政策；④企业的投资政策。企业这几个方面的政策成功与否，市场行为是否合理，是影响市场效果的重要因素。总之，市场结构与市场行为，是影响市场效果的两个基本因素。

第二，市场效果与宏观调控之间的关系。宏观调控是通过市场中介而实现的，因而市场效果与宏观调控之间存在密切的联系。宏观调控必须从市场效果的实际出发，采取适当步骤解决市场运行中存在的问题，使市场运行趋于理想状态，从而实现宏观调控的预期目标。

一般说来，市场运行状态十分理想只存在于人们的理念之中。实际市场运行不会总是完美无缺的。宏观调控的任务就是按照市场反馈的信息，及时调整调控手段与力度，纠正市场的偏差。属于市场结构方面的问题，应当采取经济、行政以至法律手段，以增强市场竞争和活力，提高市场效益。属于市场行为的问题，则应采用经济手段解决，就是根据实际情况，制定能够影响市场效果并能使其符合宏观要求的经济政策，运用经济参数，影响企业的行为，提高市场效果。总而言之，国家宏观调控的一切举措都是通过市场得以实现的，市场效果的评价，是实行宏观调控的重要依据。

（三）企业

这里所说的企业，主要是指微观经济基础，它是宏观经济的基本构成要素，也是宏观经济运行的动力源泉。企业作为宏观调控的基础一环，属于宏观政策的最终承担者，宏观调控的目标能否实现，与其微观基础的状况如何关系极大。如果企业对宏观调控信号漠然置之，或者企业想方设法找寻抵制国家宏观调控的对策，那么宏观调控目标就很难实现。因此，应当认真研究和规范企业行为，使之成为与宏观调控完全适应的微观基础。

1. 微观经济基础在宏观经济运行中的地位和作用

微观经济基础在宏观经济运行中占有重要地位，发挥着重要作用。对此，可归纳为以下几个方面。

（1）宏观经济系统的基本构成者

从组织结构来说，微观经济作为一个整体，是宏观经济系统的一个基本组成部分或分系统。作为单个企业，则是宏观经济系统的基本组成要素或细胞。企业作为宏观经济系统的要素和细胞，对宏观经济运行具有重要的影响作用。首先，企业的活力直接决定整个宏观经济的活力，为此要使宏观经济得到迅速发展，根本措施就是千方百计地增强企业的活力。其次，宏观经济总量实际主要是企业经济个量的综合，因此企业要达到宏观总量平衡，必须从调节企业个量入手。再次，企业运行机制是整个宏观经济运行机制的基本组成部分，因此转换宏观经济运行机制必须首先要转换企业运行机制。

（2）社会财富的主要创造者

企业是商品和劳务的提供者，是价值和利润的提供者，因而也是社会财富的主要创造者和提供者。由企业所创造和提供的社会财富不但是满足广大消费者生活提高的物质基础，而且也是整个国民经济发展的物质基础。因此，人民生活水平的提高，国民经济的发展，在很大程度上取决于企业的不断发展和经济效益的不断提高。

（3）市场活动的主要参加者

由于在市场经济条件下，企业的一切活动都要面向市场，产品要到市场上出售，生产要素要从市场上购买，效益要在市场上评价，生存和发展要靠在市场上进行平等竞争，因此企业就成为最主要的市场主体和市场活动的主要参加者。企业在市场上的这种地位，使我们认识到在市场经济条件下，市场的建立首先就是要通过企业机制的转变，把企业引向市场，没有企业的参加，也就无所谓市场或市场体系的建立和存在。其次，市场秩序的维护，关键就是对企业行为的规范，这是因为企业作为市场主体和主要参加者的行为，直接决定市场的行为。再次，企业的竞争实际上就是市场竞争，因此要使企业能够进行平等竞争，必须要为企业创造良好的市场竞争条件，使企业能够在市场竞争中达到优胜劣汰，促进其不断提高管理水平、技术水平和生产水平。总之，市场与企业息息相关，相辅相成。企业活，市场就活；企业发展，市场就发展。反之，就市场对企业的作用来说也是如此。

（4）宏观经济管理信号的反应者

如前所述，在社会主义市场经济条件下，国家政府部门虽然对企业主要进行间接管理，但最终还是要达到对企业行为的引导。与此相适应，企业必须要建立对政府间接管理的接受机制和反应机制，从而成为宏观经济管理信号的接受者和反应者。许多国家的实践证明，宏观经济管理与微观经济基础之间有一定的内在对应性，即具有某种特征的宏观经济管理总要同一定性质的微观经济基础相联系、相适应。这也可以说是宏观经济管理的一条法则或规律。过去，我国在计划经济体制下，政企职责不分，国家直接插手管理企业。在这种情况下，作为微观基础的企业必然要成为国家政府的一个行政单位或附属物，而对政府的管理实际是被动接受，消极应付。在社会主义市场经济条件下，国家政府不再直接插手经营企业，企业面向市场，国家政府主要运用经济手段、法律手段进行间接管理。在这种情况下，作为微观经济基础的企业只有成为自主经营、自负盈亏、自我发展的经济实体，才能对国家政府宏观经济信号积极接受、灵敏反应，才能在激烈的市场竞争中求得生存和发展。

2. 企业作为微观基础应具备的条件

（1）企业应当具备商品生产经营者的地位

为了使宏观调控具有广阔的微观基础，企业必须成为真正的商品生产者与经营者。企业只有成为独立的利益主体，才能具有内在的活力，才能对宏观调控具有高度的灵敏性和效应性。企业作为商品生产者和经营者的主要标志是做到自主经营、自负盈亏、自我发展和自我约束。换句话说，就是企业应当拥有它所该有的一切权利。有了这个前提，企业才能维护自己作为商品生产者应有的权利，也才能承担作为商品生产者所应承担的责任。企业应当拥有的主要权利如下。

第一，生产经营决定权。企业生产什么，规模多大，采取何种经营方式，应当让企业自己根据市场需求和自身的条件来决定，政府部门不得干预企业内部的经营活动，使产供销的权利真正掌握在企业自己手里。

第二，生产要素支配权。企业既可以根据自身的生产需要，自由地吸收职工和其他生产要素，也可以把企业所不需要的职工和生产资料调出。国家既不能强行把企业所不需要的职工和生产资料硬性配给企业，也不能强行抽走企业所需要的人力和物力。

第三，投资决策权。企业拥有投资决策权，是产供销、人财物各项权利实现的综合体现，也是企业适应市场变化的基本要求。如果企业没有投资决策权，企业对市场信号做出灵活反映就是一句空话。因此，拥有投资决策权是企业获得商品生产者地位的关键。当然，企业有了生产决策权也会造成某种盲目性，但是只要宏观调控适当，这个问题就会得到妥善解决，不能因噎废食，把应该还给企业的权利抓住不放。

第四，财产处置权。没有财力保证，经营自主权就会落空。应当尊重企业的财产权，减少企业过重的赋税，杜绝给企业不合理的摊派。企业多余的资金和闲置的资产，在产权关系明晰化的前提下，应当允许企业自由处置。有人担心企业钱多了，会导致宏观失控，其实问题的关键不在于企业钱多钱少，而主要在于企业行为机制是否完善，是否有必要的约束机制。企业商品生产者的地位应当具有法律保障，即应以立法形式明确规定与企业经济地位相适应的权利义务关系。运用国家的强制力量加以保护，使企业真正成为自主经营的微观主体。

（2）企业的经营活动应当主要依靠市场

第一，市场信号是企业经营活动的主要依据。在宏观调控和市场经济条件下，市场信号应当成为企业经营活动的主要依据。就是说企业行为应当主要受市场导向的约束，企业的经营活动主要依靠市场，这样国家的宏观调控才能以市场为支点，启动企业经营活动，实现对整个国民经济的调节。

第二，市场是检验和评价经营活动的主要依据。企业经营效果的好坏，主要由市场来评价。由企业决策失误等造成的亏损，不应由国家负责，而应该使其在经济利益上受到惩罚，从而增强企业的市场意识。要充分发挥市场评价企业经营活动的作用，给企业造成强大的压力，使企业把生产什么、生产多少的生产经营决策权植根于市场机制之中，增强其对市场的依赖性。

第三，彻底割断企业对国家的依赖关系。这是实现企业面向市场、依靠市场的关键所在。首先，割断企业在资金上对国家的依赖关系。国家不再给企业无偿拨款。企业所需资金主要靠自行积累和通过金融市场筹措，从而使信贷、利率等经济杠杆和市场机制，能对企业起较强的刺激和制约作用，以利于把企业的资金活动纳入市场运行之中。其次，割断企业在生产要素来源和产品销售上对国家的依赖关系。企业的生产要素不再由计划调拨，而主要由企业在市场上获取。企业需要什么，就买进什么，国家不再干预。同样，企业的产品也不再由国家包销或计划销售。产品价值能否实现，主要靠市场检验决定,这就促使企业的生产过程和交换过程,都同市场内在地联系在一起。

（3）企业产权关系应当明晰化

第一，产权关系不明晰的弊端。在资本主义生产关系中，产权关系是明晰的，适应市场经济的客观要求。在社会主义公有制条件下，国有资产名为全民所有，实际是无人负责。这是与市场经济的要求不相适应的。产权关系不明晰的主要弊端：①企业缺乏自我积累的动力。产权不明晰，企业不能从资产增值中获得产权收益，它对自己的产品质量、经营效益也就不承担任何财产上和法律上的责任，造成企业增值能力低下，产品质量长期不过关，经济效益不高。有的企业连年亏损，已经变成有名无实的“空壳”企业。②企业在财产关系上缺乏刚性约束。企业既然不是自负盈亏的经济实体，就可能既缺乏自我发展的机制，同时也缺乏自我约束的机制。在现行企业制度下，不少企业面向市场，背靠国家，只负盈不负亏。企业之间的债务、信用关系越来越不正常，“三角债”严重困扰我国经济的发展。“三角债”的源头在于投资缺口，而形成投资缺口的原因在于产权关系不明晰所致的国家财政预算约束软化。不少企业、地方和部门争先恐后上项目，就是财产关系上缺乏刚性约束的具体表现。③国有资产造成惊人的浪费。由于企业产权是无偿获得或转让的，生产资料调拨不计价格，企业国有资产的支配者宁愿其闲置或烂掉，也不愿意使其合理流动。这不仅造成国有资产利用率下降，也严重阻碍着产业结构调整。这些弊端如不加以割除，就不可能重塑适应宏观调控的微观基础，国家的宏观调控就会由于缺乏基础而归于落空。

第二，产权关系明晰化的基本思路。我国现行产权关系是在计划经济体制下经过几十年的演化逐渐形成的。产权关系明晰化应当从具体国情出发，在实践中不断探索，不断革新，建立有自己特色的产权制度。其基本思路是逐步改变我国长期存在的国有资产所有权“虚置”的不正常状况，按照两权分离的原则从经济上、法律上界定所有权和经营权，从而保障国有资产所有权，实现国有资产的保值增值；落实企业经营权，明确企业占用、经营国有资产的责任和义务。①建立健全适合我国国情的法人企业制度，使企业真正具有法人的性质。②健全国有资产管理机构，并依法行使国有资产代表者的所有权、国有资产监督管理权、国家投资和收益权。切实改变政企不分、多头干预企业经营而又不对风险和后果负任何责任的局面。③清产核资，明确原始产权主体的同时，确定企业的法人产权地位，使资产的经营、使用、处置，以及产权收益分配等各项权益都依法落实到具体的法人企业。④建立国有资产转让制度。国家拥有的资产最终所有权不能动摇，但产权分解为原始产权和法人产权后，企业作为法人，可以依法进行产权转让，以实现资源的有效配置。而公司制、股份制则是一种较好的企业产权组织形式，是我们进行国有企业改革的方向。

3. 处理微观基础与宏观调控之间的关系应当遵循的主要原则

宏观调控的作用主要体现在市场不予选择的领域，凡属市场机制能有效发挥作用的领域，应当放手让市场调节，宏观调控不必采取干预措施。政府主要是在市场不予选择的领域和时机发挥宏观调控的作用。例如，日本政府为了改变其产业结构的后进性，推进产业结构高度化，对市场不予选择的产业进行了重点干预，如对幼稚产业的保护，对新兴产业的扶植，对结构不合理产业的调整，对基础产业、原材料产业实行倾斜政策，都取得了很好的效果。如果单靠市场的力量，就不能保证在短期内资金流向这些基础产业和新兴产业，势必影响经济发展的后劲。相反，对于像家用电器、加工工业这样具有极高市场选择性的产业，则无须政府扶助和引导。因此，政府所关注的应该是市场力量所不及之处。

宏观调控必须通过市场中介。在市场经济条件下，市场是调节经济活动的中心。政府的宏观调控，应以不破坏市场机制为限。因此，宏观调控的目标，应从尊重市场活动规律出发，通过市场机制的引导作用加以实现。如果不利用市场机制，甚至越过市场直接干预，势必损害经济运行，甚至会付出重大的代价。因此可以说，效果最好的国家干预，就是对市场机制破坏最小的干预。这是宏观调控应当遵循的一项基本原则。

政府与企业的关系应该是“帮而不代”。宏观调控是政府的重要经济职能，但不等于说政府是一切经济活动的主宰者。发展必须依赖众多企业的主动性和创造性，政府的干预只起一种帮手作用，而不是越俎代庖，由政府包揽企业的生产经营活动。企业自己可以干好的事情，政府就不再插手；企业靠自己的力量办不成的事情，政府就给予帮助；企业遇到困难的时候，政府要设法给予解决。第二次世界大战后，当许多国家的政府自己充当企业家的时候，日本政府却胸有成竹地采取了扶植、帮助企业家的产业政策。结果证明，日本扶植企业家的产业政策，比其他国家政府自己充当企业家的政策更为有效。政府应当而且必须通过产业政策，以维护竞争、推动合作、提供信息等多种渠道向企业提供帮助。

二、宏观经济运行的基本状态

宏观经济的运行状态可以通过总供给与总需求的关系反映出来。从总供给与总需求的关系来区分，宏观经济运行有两种基本状态：一种是相对于总需求来说，总供给不足，称为“资源约束型经济”；另一种是相对于总需求来说，总供给过多，称为“需求约束型经济”。

社会主义国家在计划经济体制下，宏观经济运行的基本状态属于资源约束型。资源约束又表现为两个方面：一是资源总量约束。一般来说，资源总量决定生产可达到的规模和范围，从而决定一国经济增长的速度。如果经济增长速度过快，以致社会总需求超过社会总供给的增长速度，就会遇到资源不足的限制，出现资源总量约束。二是资源结构约束。经济的增长速度不仅仅取决于资源的总量，还取决于资源的物质构成，如果资源的供给结构不适合于需求结构，个别资源严重不足，形成经济增长中的“瓶颈”，经济的增长也会受到限制，出现资源结构约束。这两种资源约束，可以同时出现，也可以以一种为主。

如何评价资源约束型经济呢？资源约束型经济,也可以称为“短缺经济”，因为相对于供给来说，一部分需求得不到满足，表现为需求饥渴，供给短缺。从理论上讲，资源约束意味着生产增长不会遇到需求不足的限制，因此可以使资源得到充分的利用，生产得到最大限度的发展。但是，如果生产的增长遇到资源结构的约束，即存在资源供给的瓶颈，长期资源大量闲置，资源无法充分利用，生产就不可能最大限度地增长。从微观经济角度看，资源约束是一种“卖方市场”，在卖方市场中，生产者不关心市场需要，不注意产品质量，微观经济效益较低。

什么是需求约束型经济？需求约束，从宏观经济上讲，就是生产过剩，因此也称“过剩经济”。生产的发展受到需求不足限制，因此社会上生产能力闲置，失业增加，资源得不到充分利用。但是，又可以使生产者容易得到生产要素的供应，不必过多储备原材料、占用资金。从微观经济角度看，需求约束是“买方市场”，因此生产者比较关心消费者的需求，注意开发新产品，提高产品和服务质量，微观经济效益较佳。

一国的宏观经济运行状态是资源约束型还是需求约束型，同该国的经济体制有关，或者说是由经济体制所决定。改革以前的社会主义国家，由于实行高度集中的计划经济体制，是典型的短缺经济；改革以后，随着经济体制由计划经济向市场经济转变，总供给和总需求的矛盾有所缓解，资本主义市场经济国家大体上属于过剩经济。经济体制与宏观经济运行基本状态的关系，将在之后分析。在这里需要指出，一国的经济运行状态以何种类型为主，同该国的自然资源条件、社会条件、生产发展水平没有直接关系，因为我们讲的短缺或是过剩，都是相对而言，指的是总供给和总需求之间的差率，是相对量而不是绝对量。

三、宏观经济运行的基本机制

宏观经济是由很多经济部门构成的，各部门的运行及其相互关系形成了宏观经济的流量循环。宏观经济运行的基本机制，就是国民收入的流量循环结构，它描述了宏观经济中各部门之间是如何联系的。

1. 两部门经济的运行结构

两部门经济是指一个宏观经济体系中只存在企业和居民两类主体的经济，是一种最简化的经济系统。企业是指最终产品的所有生产者，居民是指生产要素所有者的总和，也是所有消费者的总和。在这种经济系统中，居民向企业提供各种生产要素，如劳动力、资本、土地和企业家才能，并得到各种收入，然后用收入在产品市场上购买企业生产的产品（除特别标明外，本书中的“产品”包括商品和服务）；企业则在要素市场上购买居民提供的各种生产要素进行生产，向生产要素所有者支付报酬，如工资、利息、租金和利润。

居民在产品市场购买产品形成消费支出，企业在要素市场购买生产要素形成投资支出，二者之和就是总支出。从另一个方向看，企业在产品市场上出售了产品，扣除成本后形成利润、租金等收入，而居民在要素市场上出售生产要素后，形成工资收入，二者之和就是总收入。这就是用收入法核算的国内生产总值。总支出代表社会对最终产品的总需求，而总收入或总产量代表社会对最终产品的总供给。如果总供给恰好等于总需求，则国民经济可以良好运行，即两部门宏观经济的良好运行应满足的基本条件是总需求等于总供给。

事实上，居民不会把全部收入用来购买企业生产的产品，而是把一部分收入提供给金融市场储蓄起来；企业也不仅仅从销售产品中获得收入并进行简单再生产，还可以在金融市场上获得资金以进行扩大再生产。这样，居民和企业不仅通过产品市场和要素市场进行资源的交换活动，还通过金融市场对闲余资金进行充分利用。因此，宏观经济要顺利运行，上述三个市场（产品市场、要素市场和金融市场）就都要实现均衡。从支出法看，GDP= 消费

+ 投资；从收入法看，GDP= 消费 + 储蓄。因此可以推导出经济均衡运行的条件：投资（未用于消费的产品）= 储蓄（未用于消费的收入）。

2. 三部门经济的运行结构

三部门经济系统，是在企业、居民两部门经济的基础上加入政府。政府在经济中的作用，主要通过政府支出与税收表现出来。政府支出分为对产品的购买与转移支付两部分，政府购买是指政府为了满足政府活动的需要而进行的对产品的购买，政府转移支付是指不以换取产品为目的的支出，如各种补助金、救济金等。

在三部门经济系统中，要实现宏观经济的良好运行，不仅要满足三大市场的供需均衡，同时还需要政府的支出和收入也大体相等，即政府财政收支的大体平衡。因此，可以推导出经济均衡运行的条件：投资 + 政府购买 = 储蓄 + 政府净税收（税收—转移支付）。

3. 四部门经济的运行结构

经济要素配置和供需关系不仅仅在一个封闭的国家内部进行，还涉及与国外的生产要素和产品的交换。四部门经济系统，是在三部门（企业、居民、政府）的基础上加上国外部门构成。四部门经济系统是现实中的经济运行系统，也称为开放的经济系统。在这种系统中，一方面，国外部门作为供给者向国内三部门提供产品，就是进口；另一方面，国外部门作为需求者购买国内产品，就是出口。四部门经济要正常循环，除保证商品市场、金融市场、要素市场和政府收支均衡外，还必须保证国际收支均衡，即国际收支大体相等。因此，可以推导出经济均衡运行的条件：投资 + 政府购买 + 出口 = 储蓄 + 政府净税收（税收 - 转移支付）+ 进口。

学习和研究宏观经济的运行机制，就是从家庭、企业、政府、国外这四大经济部门的关系，来考察国内生产总值或国民收入的决定。国民收入的大小和结构决定就业状况，价格水平决定通货膨胀状况，国民收入的周期性波动就是经济周期，国民收入的长期发展趋势就是经济增长趋势。可以说，国民收入决定是宏观经济运行的中心问题。具体来说，在实际工作中，研究和分析宏观经济主要包括以下几个方面的问题。

一是经济运行的衡量——宏观经济的核算。就是如何用量化的指标，客观计算和评价宏观经济的运行结果。这些指标既是宏观经济运行现状的量化反映，也是政府调控经济、制定政策的依据。

二是经济运行的均衡——总供给和总需求及国民收入的决定。从三大市场的总供给和总需求关系，分析经济运行可能出现的问题，从而调节供需关系，保持宏观经济运行的均衡。

三是经济运行的稳定——经济波动和经济周期。研究经济运行出现波动的原因是什么，为什么会出现经济周期，如何避免经济的大起大落。

四是经济运行的监测——通货膨胀和失业。在短期的经济运行中，政府最关注的问题就是通货膨胀和失业，这也是年度经济运行监测的重点。

五是经济运行的动态——经济增长和经济发展。从长期考察分析经济增长的动力及其影响因素，重点关注经济的可持续发展和相应的长期经济战略。

六是经济运行的调控——财政、货币等宏观经济政策。政府调控经济采用哪些手段、工具，如何选择调控的目标，如何综合运用各种手段有效调节经济，如何评价政策的调控效果。

四、宏观经济运行的结果衡量

宏观经济的运行结果主要体现为国民收入，它是宏观经济学研究的主要对象。广义的国民收入，是国内生产总值、国民收入、个人收入等各类经济总量指标的统称。国民经济规模主要用国内生产总值和国民生产总值两种指标来衡量。

（一）国内生产总值

国内生产总值（GDP）指某一时期内在一个国家或地区境内所生产的全部最终产品的总价值。

GDP 反映一个国家或地区的经济总体规模和经济结构，是重要的宏观经济统计指标，是了解和把握一个国家或地区的宏观经济运行状况的有效工具，是进行宏观经济管理的重要依据。目前，包括我国在内的大多数国家采用国内生产总值来衡量国家的总体经济规模。但是，GDP 核算也存在一些缺陷：一是不能反映经济发展对资源环境所造成的负面影响；二是不能准确地反映一个国家的财富分配状况；三是不能反映某些重要的非市场经济活动和地下经济活动；四是不能反映一些经济活动对人们生活质量、福利水平的不利影响，不能全面反映经济发展的质量和效益。

（二）国民生产总值

国民生产总值（GNP）指在某一时期内，属于本国或地区的所有公民生产的全部最终产品的总价值。与 GDP 以地理空间为计算范围不同，GNP 以生产者的国籍为计算范围，体现国民原则。只要是本国公民生产的最终产品，不论是在本国生产的，还是在外国生产的，就都应该计算在内。

GDP 与 GNP 的关系：GDP=GNP －本国公民在国外生产的最终产品 + 外国公民在本国生产的最终产品。

（三）经济总量的其他指标

国内生产净值（NDP）指 GDP 扣除折旧以后的余额，代表一个国家一定时期内财富存量新增加的部分。

国民收入（NI）指狭义的国民收入，是国内生产净值扣除间接税后的余额。它体现了一个国家一定时期内生产要素的收入，即工资、利息、租金和利润的总和。所谓间接税，是指对产品所征的税，其特点是可以转嫁，向前转嫁给消费者，或者向后转嫁给要素的所有者。间接税一般在生产和流通环节征收，如增值税、营业税、关税等。与之相对应的是直接税，是指对财产和收入征收的税，是不能转嫁的，只能由纳税人自己承担，如所得税。

个人收入（PI）指一个国家在一定时期内个人所得的全部收入，包括劳动者报酬、家庭经营收入、租金收入、净转移支付收入。个人收入是在国民收入基础上进行项目的调整后形成的，等于国民收入扣除企业未分配利润（由企业留存）、公司所得税和社会保障支付（上交政府）等个人得不到的部分，再加上政府对个人的转移支付（如失业救济、退休金、医疗补助）等个人额外得到的部分。

个人可支配收入（DPI）指个人收入扣除个人所得税等居民可以自由支配的收入。个人收入和个人可支配收入都是重要的宏观经济总量指标，对消费水平和总支出水平有重大的影响。

（四）关于 GDP 的几个延伸指标

名义国内生产总值（NGDP）和实际国内生产总值（RGDP）：名义国内生产总值是指按当年价格计算的国内生产总值；实际国内生产总值是指确定某一年（基年）的价格为不变价格，按这一不变价格计算的国内生产总值。例如，2006 年我国名义国内生产总值，是指 2006 年生产的全部最终产品以 2006 年市场价格计算的市场价值；2006 年的实际国内生产总值，是指 2006 年生产出来的全部最终产品用 2000 年（基年）价格计算的市场价值。在经济理论中，名义 GDP 与实际 GDP 的比例系数，被称为“GDP 平减指数”。

潜在 GDP 和 GDP 缺口：潜在 GDP 又称为充分就业的国内生产总值，是指一国或地区经济达到充分就业状况时的最终产出总值，也是与自然失业率相对应的 GDP。现实的 GDP 是指一个国家或地区在一定时间内实实在在生产出来的最终产品的价值之和。潜在 GDP 与现实的 GDP 之差就是 GDP 缺口。

第三节　资源配置与宏观经济管理

一、宏观经济管理的含义

一个国家范围内的物质资料生产部门和非物质资料生产部门的总体，称为国民经济。它包括工业、农业、建筑业、交通运输业、商业、服务业等部门，科学、文化、教育和卫生保健事业本身虽不是国民经济部门，但它们的存在和发展同国民经济有着密切的关系，故也是国民经济的组成部分，是国民经济中的非物质生产部门。国民经济活动可分为宏观经济和微观经济两个层次。宏观经济与微观经济是相对应的概念。宏观、微观两词出自希腊语，大约在19世纪中叶，首先运用于物理学上。20世纪30年代初，挪威经济计量学家拉格纳·弗瑞希（Ragnar Frisch）（1895—1973年）把宏观概念引进经济学，提出宏观经济分析，即把整个国民经济活动作为一个经济体系进行研究。自此，经济学中出现了宏观经济这一概念。至于最先运用宏观经济观点分析整个国民经济活动的，则是英国的约翰·梅纳德·凯恩斯（John Maynard Keynes，以下简称“凯恩斯”）。他的理论著作《就业、利息和货币通论》（以下简称“《通论》”）被视为现代宏观经济学诞生的标志。微观则是与宏观相对应的。一般来说，企业活动属于微观经济活动。纵观现实经济活动，宏观经济与微观经济是一个国家范围内经济活动的统一体。微观经济是宏观经济的基础，宏观经济给予微观经济以社会环境和条件，二者是不可分离的。但是，人们在研究经济活动时，总是分为宏观与微观，从不同的层次来研究经济问题。

宏观经济活动是指整个国民经济的活动，是从国民经济活动最高层次上研究整个国民经济的运转，其重点主要是关于国民总生产、收入、就业、价格和货币等问题，而不是指个别生产者和消费者的经济活动。宏观经济活动包括的内容极其广泛，诸如总量平衡、周期变化、财政、金融、价格、人口与就业、消费、产业结构、对外经济等。

宏观经济学是一门以宏观经济活动规律为研究对象的科学。从16世纪的重商主义到现代资产阶级宏观经济学，经历了近400年的历史。

16世纪，重商主义者已注意到国家的统一管制的国家化，以及国家财政等问题，开始意识到宏观经济问题。17世纪中叶，威廉·配弟（William Petty）在他的《赋税论》中，即已对人口、财产、劳动收入同一国财政收支的关系做了理论上的考察。他把劳动收入、财产收入和租金收入三项之和作为国民收入，并把国民支出总额当作收入总额来计算，这是宏观经济中所谓总量分析的最早的尝试。重农学派的创始人弗朗斯瓦·魁奈（Francois Quesnay）在他的经济表中分析了社会总资本的再生产和流通过程，尽管它的理论前提是错误的，但这个古典形式的总量分析为现代宏观经济学开辟了先河。古典经济学的权威人物亚当·斯密（Adam Smith）在他的《国民财富的性质和原因的研究》中，在极为广泛的领域内讨论了国民财富的形成和增长问题。英国通货学派的主要代表大卫·李嘉图（David Ricardo）在他的《政治经济学及赋税原理》中，也考察了国民财富的增长问题，以及总收入和纯收入问题。他正确地指出了货币流通量变动与物价水平变动的关系，这是宏观经济分析中的另一个重要侧面。19世纪晚期的资产阶级经济学，无论是微观经济学还是宏观经济学，一般均是建立在边际效用论和均衡理论的基础上，着重数量关系的分析，它们对宏观经济学的产生有着正面和直接的作用。

现代宏观经济学起始于凯恩斯1936年出版的《就业、利息和货币通论》。凯恩斯在这本书中并未使用"宏观经济学"这一名称，但他的追随者却把这本书称为"宏观经济学的大宪章"。凯恩斯的学说是在20世纪30年代经济总危机震撼了资本主义世界的时代产生的。它为国家垄断资本主义政府制定宏观经济政策、进行宏观经济管理提供了理论基础。凯恩斯所研究的是关于国民收入的变动及其与就业、经济周期波动、通货膨胀等之间的关系，故又称收入分析。这个理论的基本点是社会的就业量取决于有效需求的大小。所谓有效需求，是指预期可给资本家带来最大利润量的社会总需求，这种社会总需求包括消费需求和投资需求两部分。凯恩斯认为，这种社会总需求是由基本心理因素与货币量决定的。基本心理因素包括"边际消费倾向"、"资本边际效率"和"流动偏好"三个方面。这种理论认为，只要总需求价格大于总供给价格，资本家感到有利可图，就会增加工人，扩大生产，直至总需求价格与总供给价格相等时为止，这时生产与就业就达到了均衡状态，也就是从宏观经济上讲达到了均衡。这一理论又进一步指出，在通常情况下，总需求价格是小于总供给价格的，不可能实现充分就业的均衡，这叫"有效需求不足"。为了解决"有效需求不足"，凯恩斯认为，仅仅靠市场机制的自动调节，无法达到充分就业的均衡，因此必须依靠国家干预，采取措施刺激消费，增加投资，提高有效需求，才能防止大批失业和经济危机。凯恩斯主义产生的社会背景是20世纪30年代的资本主义世界性的严重经济危机，当然，他关心的是如何消除大规模失业，从而救治经济危机。凯恩斯的著作问世后，曾经引起经济学界的重视，但直至第二次世界大战爆发之前，资产阶级政府还没有从这个理论中得到启示。第二次世界大战结束之后，凯恩斯经济学盛极一时，成为当代资产阶级新的正统学派，被视为“调节需求政策”的理论基础。但是，从20世纪60年代后期起，资本主义世界出现了通货膨胀、失业、资源供应紧张、收入分配失调等多种症状的并发症，及至第一次石油危机出现后，滞胀矛盾突出起来。凯恩斯的宏观经济理论解释不了这种错综复杂的情况，更提不出医治这种病症的对策。因此，在资产阶级宏观经济学领域中就不再是以凯恩斯理论为主导了。

20世纪60年代后期，特别是20世纪70年代，出现了现代货币主义理论和北欧学派再起的形势。这些新的理论成为凯恩斯经济学的有力挑战者。现代货币主义者最重要的代表人物米尔顿·弗里德曼（Milton Friedman，以下简称“弗里德曼”）认为，货币供应量的变动，不只是影响价格，也影响产量，特别是影响名义国民收入的变动。例如在短期内（如5~10年），货币供应量的变动既影响物价水平，也影响产量水平的变化；但在长期内（如10年以上），货币供应量的变动则仅仅影响物价水平，而不影响产量水平。这是现代货币主义者的最重要的结论。弗里德曼还认为，资产阶级政府不要过多地干预经济，而要实行有限制的政府干预，只要把住货币供应量这一关，就可获得经济的稳定增长。弗里德曼通过对美国100多年来经济发展的研究结果，认为美国每年的货币供应量增加4%～5%，因为美国100多年来的发展趋势是，人口和劳动力每年平均增长1%～2%，产量每年平均增长3%，故货币供应增长率不应超过6%。各国的情况不同，应根据本国实际情况来确定自己的货币增长目标。货币学派提出的这个货币增长目标，现已成为国际上流行的主张。

综上所述，宏观经济学是以宏观经济活动为研究对象。宏观经济学的内容，无论哪个学派，大致上都是围绕经济增长、充分就业、稳定物价或降低通货膨胀率、国际收入平衡等四大问题展开的，在分析方法上一般均是以数学为支柱，侧重数量分析和编制经济模型等。

宏观经济管理是以宏观经济学为指导，对宏观经济活动的管理。经济管理是指运用经济手段对社会再生产过程，即生产、分配、交换、消费等环节，进行的组织、指挥、监督和调节。经济管理是相对于行政管理而言的。经济管理按其规模和层次可划分为整个国民经济的管理和企业管理（或是基层经济单位的生产、流通、消费的管理）。按现实世界通俗的说法，前者为宏观经济管理，后者为微观经济管理。社会主义市场经济的宏观经济管理是政府的重要职能之一。政府作为政权代表，其社会职能就是对整个国民经济及其总量进行宏观管理。

任何国家的宏观经济管理都是以宏观经济学为指导，以宏观经济学作为理论基础的。作为一种理论的经济学，是从理论的高度阐述经济运动的一般规律。管理却是一种实践，它是运用宏观经济学的一般理论，结合本国经济活动实践，对现实经济活动的管理。没有科学理论指导的实践是一种盲目的实践；不能解决现实经济问题的经济理论是一种无用的理论。我国的宏观经济管理是以马克思主义的宏观经济理论为指导的，并汲取了当代世界各国宏观经济学中科学的、有益的部分。

马克思的政治经济学是宏观与微观相结合的一种科学的理论。政治经济学中的“政治”一词，原本指国家、社会。卡尔·马克思（Karl Marx，以下简称“马克思”）的巨著《资本论》的第一卷阐述了直接的生产过程；第二卷阐述了流通过程，即社会资本再生产和流通；第三卷阐述了包括流通过程在内的社会生产总过程。马克思的理论设计是从微观分析到宏观分析，以微观为基础，上升到宏观经济，从微观与宏观相结合上阐述经济活动规律。马克思的经济理论尽管是科学的，但它不是教条。正如弗里德里希·恩格斯（Friedrich Engels）曾经说过，马克思的经济理论不是教义，而是供给人们研究问题的方法。

马克思关于社会再生产和流通，以及关于社会资本及剩余价值的分配等理论，是我国经济管理直接的理论基础。事实上，马克思对自由资本主义经济的分析，包含三个方面的内容：一是社会化大生产的一般规律；二是商品经济的一般规律；三是资本主义特有的经济规律和预示未来社会主义经济的某些规律。当代毕竟已不是马克思所处的那个时代，无论是资本主义还是社会主义都发生了巨大的变革，运用马克思经济理论必须结合我国经济建设的实践，进行宏观经济管理。

自1936年凯恩斯创立宏观经济学之后，随着资本主义的发展和条件的变迁，出现了许多有关宏观经济学的学派。对于如何看待这些宏观经济学的众多学派的观点，一般来讲，都是借鉴和吸收其有益的部分。任何一种经济理论的产生都有其特殊的、社会的、历史的背景。对待西方宏观经济学，更不能采取教条主义的态度。任何一种管理方法，包括宏观经济管理的方法，都是管理主体与外部环境相互作用的产物。所以，借鉴和引进西方宏观经济管理方法时，必须考虑以下因素：一是政治制度的根本差别；二是经济制度的根本差别；三是经济和科学技术水平的差异；四是社会文化背景的不同。可以断言，机械地搬用任何西方经济学都解决不了中国的问题。只有以马克思主义为指导，借鉴和吸取西方宏观经济学有益的科学方法，继承和发扬中华民族的优良传统，才能真正建立起具有中国特色的宏观经济管理体系。

当前，以宏观经济学为指导的宏观经济管理体系正在逐步形成。这个体系的主要组成部分包括宏观经济管理目标、宏观经济管理手段、宏观经济管理组织结构。也就是说，作为宏观经济管理的主体——国家政府，要解决三大问题：管什么，怎样管，谁来管。围绕这个核心，有利于形成具有中国特色的宏观经济管理体系。

二、宏观经济管理的必要性

从当代世界经济发展趋势来看，无论是资本主义国家政府，还是社会主义国家政府，对整个国民经济及其总量都在进行管理。前者叫国家干预；后者叫宏观管理或调控。干预也好，调控也好，其实质都是由市场经济内在运动规律的本质特征决定的。作用于市场经济的价值规律、供应规律、竞争规律等，都在自发地、盲目地调节着整个市场及国民经济，必然给国民经济的正常发展造成巨大的损失。资本主义世界宏观经济学是在20世纪30年代大危机之时出现，要否定经济危机已经不可能，只有承认资本主义国家存在危机，才能针对经济危机寻求对策。于是国家干预经济出现了。之所以社会主义国家对国民经济进行宏观管理，宏观经济管理成为政府重要职能之一，是因为社会主义生产资料所有制是以公有制为主体，是国家政府代表全体人民占有生产资料，正因为如此，社会主义国家政府对宏观经济进行管理也就成为必然的事情。下面从我国的社会主义市场经济运动规律来说明政府实行宏观经济管理的必要性。

（一）生产社会化与经济活动主体多元化的矛盾

生产社会化是指由分散的小规模的个体生产转变为集中的大规模的社会生产的过程，它是社会经济发展的一种必然趋势。生产社会化主要表现在生产资料使用社会化、生产过程社会化、产品社会化，以及地方市场发展为国内统一市场，乃至世界市场。由于社会生产力的发展，社会分工日益发达，在客观上要求社会经济按比例协调地发展，这是社会化大生产的一种客观必然性。

但是，社会经济活动的主体——企业，却是一种多元化的群体。国民经济由众多的部门组成，一个经济部门又分为众多行业，一个行业又由众多的企业组成。企业之间、行业之间、部门之间如何协调地发展，乃是当今世界各国经济发展的首要问题。按照市场经济运行机制来说，国民经济的调节的一系列发展有着一个时序性问题，即由自然分工调节发展到盲目的市场调节，由盲目的市场调节发展到有计划的市场调节。盲目的市场调节或有计划的市场调节都是商品经济的调节形式。也就是说，众多的经济活动主体是按商品经济的客观要求，以市场作为调节的主体，即以价格、供求、竞争等规律，各自调节主体本身的经济运转。

社会化大生产经济发展的两个层次，即宏观层次与微观层次，各自按照自行的发展规律运行。国民经济的宏观层次要求社会经济协调地按比例发展，国民经济的微观层次则是按供求和竞争规律运行，两者矛盾的解决是通过国家政府实施宏观经济管理，以经济的、法律的、行政的等诸多手段调节市场，市场引导企业，使之达到国民经济稳定的、协调的、按比例的发展。

（二）优化资源配置与各经济活动主体自主决策的矛盾

社会资源，在现实社会经济生活中通俗地称为人、财、物，在经济学上高度概括为社会总劳动。资源配置是指社会资源向各部门、各行业的分配。在社会分工条件下，个别劳动不能成为直接的社会劳动，就必然通过计划或是市场经济来配置社会资源。过去，我国实行的是高度集中的计划经济体制，这种资源配置体制不仅对微观经济发展不利，而且对宏观调控顺利运行也不利。从理论上分析，由计划进行资源配置，比以市场进行资源配置要优越得多。但是，这是一件被历史证明了的在现实生产力发展水平条件下不可能的事情。以市场经济进行资源配置，其核心是价值规律发挥作用所形成的市场调节，在市场竞争中由市场调节促使社会资源配置趋向合理化。

在市场经济条件下，国民经济宏观层次上的资源配置与企业本身的资源配置仍存在着矛盾。作为宏观经济来讲，社会劳动，即整个社会资源可分别用于各个特殊生产领域的份额是有一定数量界限的。这个界限通过价值规律的发展表现出来，也就是通过价值规律、竞争规律、供求规律的作用，把社会总资源以一定的比例量分配到各个生产部门。这个“一定的比例量”在一定时期内，使社会资源分配与企业自主决策进行资源配置经常出现矛盾。这种矛盾的调节，一方面通过宏观经济管理主体，即国家政府运用各种手段，调节商品市场、技术市场、金融市场、人才市场、信息市场、房地产市场、旅游市场、文化市场等；另一方面，自主决策的企业，根据宏观经济调节政策及市场的供求规律，主动地去适应市场发展的需要。

（三）社会共同经济利益与各个经济活动主体利益的矛盾

中国特色社会主义市场经济体制的基本特征之一，就是建立在以公有制为主体的多种生产资料所有制形式的基础上。从总体上讲，社会共同经济利益与各个经济活动主体的利益是一致的。但是，以市场为中心组织社会经济活动，国家通过宏观政策和经济、法律手段进行间接调控，形成了“宏观调控+市场机制+企业”的格局，国家政府和企业都是从不同地位上同时作用于市场。国家政府的宏观调控主要考虑的是经济发展速度、总量平衡、产业结构、币值稳定、人口就业等全社会共同关心的重大问题。经济活动的主体则是从企业的自身利益出发，关注的是微观经济效益问题。两者之间的矛盾是客观存在的，但是必须协调到整个社会的经济发展目标上来。国家政府与企业都有运行机制的转变问题，都要转变到以市场调节为中心的经济体制上来。在宏观管理上，要完成政府对企业的管理方式与宏观调控方式的转换，即从以直接管理为主转向以间接管理为主；对宏观经济的协调平衡，从以实物平衡为主转向以价值平衡为主，从以指令性计划为主转向以市场经济机制与法律为主。在微观经济活动上，国有企业要基本走向市场，按照市场化、国际化的要求，迅速转换机制，改革管理体制，完善经营方式。在社会主义市场经济条件下，企业的生产经营活动基本上是按市场的需求进行的，一切经济活动受市场约束，无论是生产、销售、供应，还是投资、改革、更新等，都要接受市场规律的支配。

（四）市场机制的局限性和宏观调控

从商品经济发展的历史考察中，我们可以清醒地认识到，市场机制是商品经济运行的内在机制，它有助于微观的平衡，有助于经济增长和资源的合理配置。但是，市场经济有它的局限性，这种局限性主要表现在以下方面。

第一，难以保证宏观经济的平衡。受市场机制作用的企业，不可能洞察国民经济全局，从综合平衡的角度来安排自己的经济活动，而是从企业自身的利益出发，以利润为目的安排企业活动，其分配决策往往偏离宏观分配结构，企业的生产规模和方向也往往偏离按比例发展的要求。

第二，市场机制不一定能保证经济持续发展和资源的最佳利用。市场机制固然使每个企业具有发展的动力，但企业发展愿望的实现取决于一系列社会经济条件，取决于资源的约束，取决于社会总需求的水平。市场机制主要针对微观经济，但是从社会总体来考察，微观经济效益并不等于宏观经济效益，微观上的资源最佳配置并不等于社会已有资源总量的充分利用，企业的个别成本也不同于社会成本，两者不仅有差别，而且有时是对立的。总之，企业在市场经济机制调节下的盲目发展，将会使社会生活、国民经济付出昂贵的代价。

第三，市场机制发生作用，意味着经济主体的多元化和决策的分散化。每个生产者都是根据自己的利益，通过价格波动来扩大或缩小生产，他们不可能了解市场上全部的需求状况和供给状况，他们的决策也就不可避免地带有盲目性。

第四，市场机制的作用并不是万能的，对有些领域无力调节，在一定程度上丧失了调节作用。例如，因受国力限制而无法随价格的提高而增加供给的商品，如稀缺资源，即使再提高价格也不可能弥补。

第五，市场机制是以承认企业局部利益为出发点，它是局部利益的汇合，它给企业和国家提供或反馈的信息在时间上是短期的，在空间上是局部的，因此单纯的市场机制运行难以统观全局，难以兼顾整体利益和国家、社会利益，而且会刺激企业的短期行为。

市场机制的种种局限性表明，市场机制的运行，在客观上要求加以宏观经济调控，利用各种手段来弥补和防止市场机制自身带有的自发性和盲目性。因此国家对宏观经济的调控行使政府干预，是为各类企业的生产经营创造一个良好的，包括投资环境、政策环境和法律法规环境在内的市场环境的需要，是合理调节积累与消费关系、国家与企业关系、中央与地方关系等主要经济关系的需要，也是促进经济增长，防止国民经济大起大落的需要。在现实经济生活中，市场经济永远不是一种完全纯正的市场经济，市场始终在不同程度上受到干预或者调节的补充和限制。所以说，市场机制和宏观经济调控是现代市场经济的两个重要组成部分。

总之，在社会主义市场经济条件下，宏观经济的最终目的就是要形成一个既能正确反映市场，又能够有效地引导市场的宏观调控机制。形成发育良好的市场环境、完善的市场体系，是微观经济活动和宏观经济管理共同的目的。

三、宏观经济管理的原则

（一）确立宏观经济管理目标的原则

1. 保证资源配置优化的原则

资源配置优化包括以下含义。

①消除了资源的闲置和浪费，特别是消除了稀缺资源的闲置和浪费现象。

②保持供给与需求的总量平衡和结构平衡。也就是说，消除了资源被用来生产实际上并不需要的商品和劳务的现象。

③资源的使用方向和数量比例合理，也就是说，资源能顺畅地流向生产组织完善、布局合理的高效企业，其效益能够得到最佳发挥。

2. 资源配置优化的保证

在市场经济条件下，资源的有效配置是通过市场来实现的。市场机制是包括价格、供求、竞争、风险等机制的综合体。

虽然市场机制是市场经济条件下的重要机制，但是单靠它是不可能达到资源的最优配置的。其局限性主要表现在以下方面。

①企业囿于自身利益，往往对资源进行掠夺性使用，这不但不能使资源得到有效配置，反而会使资源遭到破坏。

②市场信号滞后。当人们从市场得知资源，特别是自然资源枯竭时，再去培育这些资源，便已为时太晚。

③价格机制对资源的有效配置是以完全竞争为前提的，这在我国不可能实现。因为我国是多层次生产力和多种经济形式并存，基础设施和市场发育程度不一致。所以，单靠市场机制来配置资源，难以达到优化目的。为了克服市场机制在资源配置中的局限性，必须很好地发挥非市场机制的作用，如计划调节、行政管理、法律制约、政策导向、舆论监督等。

总之，只有充分发挥市场机制的积极作用，同时加以宏观调控，才能保证资源配置的优化。

3. 资源配置优化的意义

①资源配置优化有利于节约资源。在资源相对紧缺，特别是稀缺资源紧

缺的国家，资源的节约，一是保护了资源，使之免于破坏和浪费；二是节约资源等同于增加生产。

②资源优化配置，使所有产品的价值都得到了充分实现，因而不管是在微观经济方面，还是在宏观经济方面，都能获得最佳效益。

③以上两点的实现，使社会商品和劳务的供给也是最大限度的，从而可以最大限度地满足人们物质和文化生活的需要。

（二）保证总量平衡的原则

1. 总量与总量平衡

宏观经济学上的总量是指宏观经济总量，其含义有二：一是指供给总量和需求总量；二是指实物总量和价值总量。供给总量即社会总供给，它是一国在一定时期内向社会提供的物质产品和劳务价值的总和；需求总量即社会总需求，它是一国在一定时期内经过分配和再分配所形成的投资需求和消费需求的总和。所谓总量平衡原则，就是指在宏观经济管理过程中，使社会总供给与社会总需求力求达到平衡。这种平衡既包括实物形态上的平衡，也包括价值形态上的平衡。总量平衡一般是指后者，前者一般称为结构平衡。

2. 总量平衡原则的具体要求

要实现宏观经济总量平衡，就必须保证以下几点。

①必须保证结构平衡，不管是部门结构、产业结构，还是产品结构，其生产与需要之间必须保持平衡，否则将有部分产品的价值不能实现。

②必须保证时间上的平衡，即保证供与求在发展速度上的大体平衡。产业之间、地区之间的发展速度虽允许有快慢之分，但最终是为了平衡发展。

③必须保证空间上的平衡，即地区之间供给与需求、输入与输出要平衡。在价值平衡方面，还要做到以下三个平衡：一是社会总产值与总购买力的平衡；二是国民收入与积累加消费的平衡；三是社会最终产值与设备更新加积累再加消费的平衡。

（三）保证结构合理的原则

1. 结构合理的标志

这里所说的结构是指宏观经济结构，即社会经济各地区、各部门、各种经济成分、各个经济组织，以及社会再生产各环节之间的构成及其相互联系、相互制约的关系。经济结构合理化的标志有三：一是充分、有效地利用本国人力、物力、财力和自然资源，并能较好地利用国际分工的好处；二是国民经济各部门、社会再生产各环节发展比例协调、结构平衡、速度适当；三是技术不断进步，效益不断增长，国家实力不断增强，人民生活水平不断提高。

2. 经济结构合理化的保证

要使经济结构合理化，就必须做到以下几个方面。

①从我国实际情况出发，遵循经济发展规律的要求，制定好经济发展战略。

②依照经济发展战略，制定国民经济发展规划，并制定相应的经济政策和社会政策。

③用有关经济政策、社会政策和调节手段来调整所有制结构、产业结构、产品结构、企业组织结构及消费结构。

（四）经济建设与生态平衡并重的原则

1. 经济建设需要资源

我们的任务是把我国从一个贫穷落后的国家建设成为一个富强文明的社会主义国家。经济建设需要资源，资源是发展经济的前提。资源的范围很广，从经济管理角度来看，资源包括人力资源、物质资源、财力资源、技术资源等。在物质资源中，又包括自然资源和物质资料两大类。大规模的经济建设需要大量的资源作为保证，特别是自然资源，如土地资源、水资源、能源、矿产资源、森林资源等。没有资源，任何一项经济建设都无从谈起。

2. 经济建设不能破坏生态平衡

上面讲到，任何一项经济建设都需要资源，特别是自然资源。然而，自然资源的存量在一定期间内毕竟是有限的，因此对生态资源的消耗必须遵循生态平衡的规律。如果人们无视这个客观规律，为了直接的、眼前的利益，破坏了生态系统的某个环节、某个因素，如自然资源的不合理开发、环境的污染等，就会打乱物质流动的正常进程。这些变化有可能通过网络系统发生连锁反应，积累到一定程度就表现出整体效应和长期效应，大自然就将毫不客气地惩罚和报复人类。这种事例在人类历史上已发生过多次，应引以为戒。

3. 经济建设与生态平衡兼顾

为了把经济建设搞上去，同时又不致破坏生态平衡，必须做好以下几个方面的工作。

①在认识上把保护环境和生态平衡当作一项关系人类前途和命运的大事。

②在政策上坚持经济建设、城乡建设、环境建设与保护生态同步规划、同步实施、同步发展的方针，实行城乡环境综合治理。

③在工作上积极推广生态农业、防治工业污染等技术；保护和合理利用土地、矿产、海洋、森林等自然资源；加快植树造林步伐，制止乱砍滥伐，提高森林覆被率。

④进一步健全法制，加强环境、生态的监督与管理。

（五）共同富裕的原则

1. 共同富裕是社会主义革命和建设的目的

在生产发展的基础上，不断提高人民的物质文化生活水平，使社会全体成员共同富裕，这是我们党和国家进行社会主义建设的全部政策的出发点，是社会主义革命和建设的根本目的，也是社会主义优越性的具体表现。如果造成贫富悬殊、两极分化，就说明目标定错了，路走偏了，又回到了旧社会，这是人民大众所不能答应的。

2. 保证共同富裕的政策措施

现阶段我国生产力水平还比较低，生产条件很不平衡，劳动差别大，还不可能使所有社会成员同步富裕起来。为了保证共同富裕，必须采取如下政策措施。

①允许和鼓励一部分人通过诚实劳动和合法经营先富起来，然后带动和

吸引更多的人走向共同富裕。

②对老弱病残、鳏寡孤独等实行社会救济，对经济落后地区实行优惠和必要的物质技术支援。对企业和劳动者之间出现的不合理收入差距，在促进效率的前提下，通过财政政策予以调节，防止贫富悬殊和新的分配不公。

③允许合法经营与合法收入，制裁和取缔非法经营与非法收入。

（六）需要与可行统一的原则

1. 需要

我们是在一个不发达的国家里进行四个现代化建设，需要的东西太多，包括资金、技术、人才、设备、物资、能源、基础设施，直至生活消费品。其中人才和资金尤其需要，因为有了人才和资金，就能使技术、设备、物资、能源等需要获得满足。当然，有的需要不能马上全部满足，比如基础设施的建设，即使有了资金、人才和原材料，还需要时间。除了以上所说的物质资料的需要外，我们还需要良好的社会秩序、道德风尚和生态环境。

2. 可行

可行是指拟定的方案、计划、战略、纲要等符合现阶段中国的国情，在现有的财力、物力、人力，以及人们的心理承受能力的情况下能够实行或实现。它包括以下三层含义。

①所需生产资料、生活资料、资金等都已具备或基本具备。如果所定目标利用现有物质条件尚不能完成，这种目标就不可行。

②所需人才和技术条件已经具备或经努力可获得满足。如果在确定管理目标时，不考虑科研人才、技术人才、管理人才和技术设备条件等情况，制定的目标脱离实际，最终不仅完不成目标，还将使经济遭受损失。

③社会其他条件有保证。这里所讲的其他条件指社会秩序、民主与法制建设状况、社会风气、人们的心理承受能力，以及思想政治工作水平，等等。这些上层建筑因素虽然不能决定经济管理目标，但对目标的实现却具有重大影响。比如在确定通货膨胀率时，如不考虑人们的心理承受能力，则必然导致经济管理工作的失败，也证明此目标不可行。

3. 需要与可行统一

从心理学的角度来说，需要是有机体对内部环境和外部条件的稳定要求，是其赖以生存和发展的必要条件。人的需要常以愿望、意向等形式表现出来，可见需要是个主观的东西。需要可以从某种程度上决定人们行为的积极性，但这种需要能否被满足，却取决于客观经济条件和社会条件。符合客观经济与社会条件的目标，即为可行；否则，就是不可行。因此，在确定宏观经济管理目标时，必须贯彻需要与可行统一的原则。

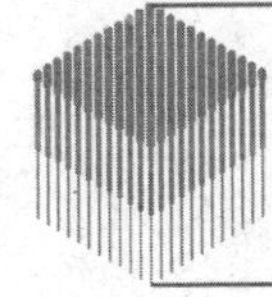

第二章　宏观经济调控

经济状况影响每一个人的生活，而宏观经济问题则处于经济问题的中心地位。宏观经济是相较于微观经济而言的，如果说微观经济研究的是水面的波纹，那宏观经济研究的就是整个池塘；如果说微观经济研究的是地面上的石块，那宏观经济研究的就是一座高山。宏观经济将经济视为一个整体进行研究，从宏观的、大的环境背景讨论经济走势及经济相关问题。宏观经济调控则是指在审视这种经济走势的基础上，政府及相关机构采取一定的法规、计划、政策或措施调节市场经济。刚刚毕业的大学生希望经济繁荣使他们找到合适的工作，股民们希望经济繁荣使他们获得最大利润，但实际上，从本质上说种种经济相关事件都依赖于宏观经济调控，只有灵活地调控宏观经济，才能应对不断变化的经济环境。

第一节　宏观经济调控的基本内容

宏观经济调控随着社会主义的发展被赋予了更深邃的内涵，但宏观经济调控的基本内容基本没有变化，即通过制定各项政策促进经济增长，调整市场总供应和总需求，保持物价稳定，建立健全社会制度，解决就业问题，等等。经济问题不是单方面的经济增长或经济衰退的问题，而是当经济单因素产生不正常的波动时，就会引发雪崩式的反应，一系列经济因素都会产生巨变，进而影响整个经济环境。宏观经济调控的内容就是调节单因素以维持经济的稳定。

一、促进经济增长

广义的经济增长主要指两方面的增长：一是指人均产量的持续增长，二是指人均收入的持续增长。这里所说的增长是指经济的长期增长，并不包括经济的短期波动，也就是说经济曲线的小范围波动是允许的，但总体要呈现上升趋势。而狭义的经济增长则是指国内生产总值（gross domestic product, GDP）的增长，即经济社会在一定时期内生产的全部最终产品，包括物品和劳务在内的合计市场价值的增长。经济增长速度下降往往意味着能够获得的国民福利减少。宏观经济调控可以避免 GDP 下降带来的经济衰退或经济萧条，处于经济衰退或经济萧条的国家也可以通过宏观经济调控尽快摆脱困境。宏观经济调控维持增长率的稳定，促进经济增长，并在另一层面上培育了能够促使经济持续增长的能力。总体经济高速增长并不意味着区域经济同步增长，一般来说，区域经济会产生一定的差异，而宏观经济调控就是使区域经济的增长速度趋于同步。

二、保持物价稳定

一般来说，物价总水平的大幅度上升往往会导致通货膨胀，而物价总水平的大幅度下降又会导致通货紧缩。通货膨胀会给基层劳动人民带来不小的压力，物价上涨的同时实际工资却在下降，在货币循环过程中加剧贫困；通货紧缩使社会财富严重缩水，全社会物价总水平下降，个人财富也会不断减少。同时，失业本身的成本消耗巨大，也会使社会资源闲置或浪费，进而影响社会经济总水平。宏观经济调控的一大内容就是保持物价的稳定，在出现价格扭曲的信号时把控经济走向，避免通货膨胀和通货紧缩的出现。需要强调的是，这里所说的物价稳定指的是物价总水平的稳定，即并非指通货膨胀率为零，而是允许通货膨胀率保持在一个低且稳定的状态。但无论如何，物价总水平的稳定都需要依赖宏观经济调控。

三、解决就业问题

不论是 GDP 下降带来的经济衰退和经济萧条，还是物价大幅度波动引发的通货膨胀和通货紧缩，后果往往是加剧经济的负面变化，最终导致全社会范围内人口的大规模失业。此时，宏观经济调控的重要内容就是解决就业问题，使社会人口充分就业，降低社会的失业率。失业率是指失业人口占劳动力人口的比例。降低失业率，就是通过宏观经济调控手段减少失业人口，使之充分就业。这种充分就业是除了摩擦性失业和自愿失业之外，所有愿意接受社会上定义的现行工资的人都能够拥有工作的经济状态。宏观经济调控就是要消除非自愿失业。

第二节　宏观经济调控的类型

为保持宏观经济调控的基本内容的稳定，政府及相关部门需要采取一定的手段，这些调控的措施或政策大致可以分为两类，即宏观经济调控的类型分为两类，一是需求侧宏观调控，二是供给侧宏观调控。二者的具体内容和实施路径如下。

一、需求侧宏观调控

在宏观经济调控中，需求侧宏观调控是主要内容。一般来说，社会的总产出是需求侧决定的，消费不足和投资不足都可以用需求不足概括。需求侧管理就是通过需求侧调控，使用政府手段刺激消费，将社会的总产出调控至社会潜在总产出的水平。需求侧改革的宏观调控侧重于短期，主要实施路径有两种，即货币政策和财政政策，这两种政策的调控又统称为凯恩斯式需求管理政策。

（一）货币政策

货币政策是通过调控货币的供应量来影响总需求，是宏观经济调控的重要实施路径。流通中的现金和商业银行存储的准备金都可以称为货币，货币本身也是经济流通的基础。基础货币又分为以下四种类型：M0 是市场上流通的现金，但对于支付宝或微信中流通的资金是否归属于这一类，经济学家尚有争议；M1 是活期存款与 M0 的总值；M2 包括 M1 和储蓄存款、定期存款及其他存款等；M3 包括 M2 和货币性短期流动资产，这种货币也常被用来测算通货膨胀的压力。当经济遭受一定程度的冲击时，采取逆周期的货币调控可以稳定经济，实现对冲。从宏观经济调控的角度出发，货币政策是治理通货膨胀的最有效的办法。

中央银行调节货币供应量的实施路径主要有以下三种。第一种，中央银行与固定交易商进行外汇和证券交易。通俗来讲，中央银行如果从市场上购买10亿元的债券，就等同于向市场释放了10亿元基础货币，同时也意味着市场的货币总供给量增加，这样就会间接调控经济。第二种，调控使商业银行和金融机构必须向中央银行缴纳法定准备金。第三种，调控商业银行和金融机构贴现的未到期票据向银行申请再次贴现的时候需要扣除的利率。在现实经济调控时，这种利润越高，银行就越不愿向这些商业银行和金融机构进行再贴现，市场的货币总供给量就会下降，从而影响经济主体。换句话说，银行积攒的这种未到期票据越多，其本身也会面临资金流动不足的困境，因此这种手段的使用也要适度。除这三种手段外，银行还会使用一些辅助调控手段对货币进行调控，但都是基于需求侧的货币政策调控路径。

（二）财政政策

财政政策是政府采取的需求侧宏观经济调控实施路径之一，它是针对税收和政府购买来说的。政府购买是复杂的经济调控策略，不太符合国民的福利，而政府通过税收进行宏观经济调控则较为简单，因此财政政策一般只针对税款调控。一方面，当政府降低税收时，人们的收入就会直接增加，增加收入后人们会进行消费，间接扩张全社会消费总需求，进而促进全社会经济发展。另一方面，这种带动作用并不是单方面的，而是会制造更多方面的需求，进而使其他产业雇员的工资增加，使总体的货币需求增长，最终达到宏观经济调控的目的。而从宏观经济调控的角度出发，财政政策是应对经济衰退或经济萧条的最有效的办法。

经济学家认为，经济系统内部有一种稳定系统，即经济系统本身在面对一定程度的冲击时会自我调节，主动减轻经济波动。但是当经济系统遭受过大的冲击而无法自身进行调节时，政府就应当审时度势，主动采取相应财政政策予以调节。当发生经济衰退的时候，受社会经济总水平的影响，个人收入会下降，如果此时政府的税收减少，人们可支配的收入就会相应少减少一些，需求也会相应少减少一些，如此一来就可以抑制经济的衰退。与之相反，当发生经济繁荣的时候，在社会经济总水平上升的背景下，个人的收入会在一定程度上上涨，如果此时政府上调税收，人们可支配的收入就会少增加一些，这样其消费和总需求的上涨幅度也会小一些，通货膨胀的概率也因此而降低。在经济繁荣或经济萧条时，政府还可以调控转移支付对经济进行宏观调控，转移支付包括失业救济和福利支出两方面内容。当经济繁荣的时候，失业的人数不会有很多，符合救济的人数自然而然地减少，失业救济和福利支出的金额可以相应减少。然而，当出现经济衰退的时候，失业的人数较以往会大幅度增加，符合救济的人数会相应增加，这时候政府就需要增加失业救济和福利支出的金额调控这种状况，从而增加可支配的收入和刺激消费增长，实现在宏观方向上调控经济。除此之外，在经济繁荣时，调控农产品的价格上升，可以使农民收入稳定在一定水平，保证基础的国民收入，经济萧条时也是同理，调控农产品的价格下降，从而稳定总体经济。

二、供给侧宏观调控

供给侧宏观调控是调控经济的重要手段，也是提高现实世界人民生活水平的重要途径。我国现状经济政策主要针对需求侧管理，供给侧宏观调控仍显不足，因此结合我国实际经济发展要素及趋势，探讨供给侧宏观调控非常有必要。与需求侧宏观调控不同，供给侧宏观调控侧重于对经济结构和经济体制的调控，带来的是长期性的、结构性的变化。

供给侧宏观调控依靠的是供给侧结构性改革。供给侧结构性改革这一词语是习近平总书记在中央财经领导小组第十一次会议上首次提出的，是新时代构建现代化经济体系的重要手段，也是宏观经济调控的重要实施路径。供给侧结构性改革，是指针对经济领域供给侧的问题，通过改革或调整结构进行矫正，使市场供给能满足人民日益增长的物质文化需求，最终提高全社会的生产力水平。我国提出的供给侧结构性改革与西方国家不同，不是紧缩社会需求，也并非放弃对需求的管理，而是在传统经济调控的基础上优化市场结构，创造新的供给，刺激新的需求。我国的经济制度是以公有制为主体，多种所有制经济共同发展，也就是说，宏观经济调控下的供给侧结构性改革需要协调公有制经济和非公有制经济共同发展。我国提出的供给侧结构性改革着力于解放和发展生产力，在供给结构上要求减少低端和无效供给，是一种灵活适应经济发展的工程。供给侧结构性改革的任务为“三去一补一降”，即去产能、去杠杆、去库存、补短板、降成本。

（一）去产能和去库存

产能也就是生产能力，指企业参与生产的全部固定资产。去产能，指的是去除落后的产能，化解过剩的产能。但事实上，落后产能与过剩产能在概念和性质上皆有不同，如果企业的生产设备和生产工艺落后于市场平均水平，或企业的排放、能耗等指标达不到国家所规定的标准，那么这种产能就被归入落后产能。去产能，就是优化生产质量和生产结构，但在所有供给侧结构性改革中，去产能的难度最大，任务最为繁重和艰巨。

这里将去库存与去产能并列，是因为去库存即消耗现有货物存量，尤其是指房地产行业消耗现有库存，其针对性与去产能类似。GDP 是各国政府追求的核心目标，而房地产行业是带动经济的重要行业之一，其发展也间接带动各个行业共同发展。但这样的带动作用使某些城市规划重复建设严重，土地浪费现象也层出不穷，房价不断被抬高，人民的生活压力不断上涨，反而使大量新开发房屋难以出售，房屋空置成为普遍现象，加剧了潜在的经济危机。与此同时，各类曾经为国家经济做出贡献的工业园区，如今也有一部分开始荒废，造成了严重的土地浪费现象。要想解决这些问题，毫无疑问就要依靠宏观经济调控。首先，依然要通过政府手段控制不断上涨的房价，同时完善土地的出让制度，完善房地产市场的相关监督制度。其次，按照国家的相关规定回收闲置的土地以进行再利用。最后，再规划闲置土地，通过与企业合作重新开发土地，使之重新投入市场，走可持续发展的道路。去库存所消耗的货物存量，在很大程度上指的也是农产品的库存。农产品与广大人民群众息息相关，可以说是国家的经济命脉，如何走宏观经济调控的道路以去除农产品库存是重要的命题。就我国社会而言，某些农产品的收购补贴价格比进口农产品的价格高很多，所以农民将此类农产品卖给国家，但是大量收购会导致积压和陈化，即大量库存会造成大量浪费。降低农产品的收购补贴价格又会导致农民的收入下降，间接导致经济下降。对于农产品的去库存，只能在降低收购价格的基础上，给予农民一定的社会保障，这样的宏观经济调控才可以去除一定的库存，避免社会财富过剩。

（二）去杠杆

去杠杆中的“杠杆”指的是负债经营。去杠杆，指的是避免企业负债经营，或减少企业的负债率。去杠杆要深化利率市场化改革。货币市场的利率完全市场化了，但是银行存款和贷款的基准利率依然存在，解决这一问题就是解决套利问题，也就是去杠杆问题。长期以来，中小微企业融资困难，融资成本昂贵，要想解决这一问题，需要银行对中小微企业放宽贷款限制，加大贷款力度。一般来说，融资不足往往会导致高杠杆。要想去杠杆，就要解决供给问题，也就是解决融资问题。

去杠杆问题即减少居民债务的问题。随着经济的快速发展，居民对美好生活的需求日益增长，买房、买车的贷款日渐增长，发展成为居民债务。去杠杆问题即减少政府债务的问题。政府需要借助信托基金进行基础建设，地方政府要搞股权投资，然而这两项利息较高，且增长率非常快，导致政府存在一定的债务问题。去杠杆问题即非银行的工商企业的债务问题。企业负债是较为正常的，尤其是房地产等行业的企业存在负债率也是较为正常的。

如何降低以上这些杠杆是宏观经济调控的重点问题。主要实施路径有以下四种。一是依靠成熟的市场。这是一种消极的应对策略，即政府不对杠杆问题和市场进行调控，听之任之，使其按照从高杠杆导致经济危机或金融海啸，到自我消亡的历程自行解决。依靠成熟的市场自我崩盘解决杠杆问题并不是最佳途径，但仍有一些国家沿用，如美国、日本等。二是通过通货膨胀将债务稀释。这种途径其实是将现在的高杠杆问题推向未来，间接将这些坏账转到人民的身上。通货膨胀日趋严重，量变会产生质变，就会产生剧烈的经济危机，进而引发社会震荡。三是通过政府调控强行去杠杆。这种宏观调控路径是在泡沫经济还处于初级阶段的时候，政府采取手段强制“一刀切”。但这样做依然会产生不良后果，如金融坏账、企业倒闭、经济崩盘、经济萧条等。四是通过商业银行去杠杆，对基本不会倒闭的大型公司注资放贷，以改善结构性金融危机。一般来说，这种手段具有较强的可实施性，且不会产生较大的不良影响。

针对我国具体情况，宏观经济调控中的去杠杆的实施路径有以下五个方面。一是国家对M2增长率、物价和财政赤字进行调控。平稳调控M2增长率，既不使其大幅度上升，也不使其跳崖式下降产生负增长，这样就不会使资金链断裂，出现金融危机。控制物价就是控制经济，这是浅显的道理，国家通过财政手段刺激经济，同时保持市场平稳和物价平稳，就会促进经济稳定增长。合理控制财政赤字的限度，通过发放国债解决调控的特殊需求是极其有必要的。二是企业本身化解债务。对于坏账、亏损或产能过剩的企业，应当立即破产关闭，不应该再占用市场资源。对于部分还能够缓解杠杆压力的企业，可以通过资产重组、债务重组，辅以经济结构优化“救活”企业。这一路径需要制定整改方案，按部就班地实现企业优化。对于其他企业可以提高股权融资的比例去杠杆。三是扫除金融机构的乱象。这种乱象指的是非银行机构之间的金融流通，包括民间非法借高利贷的行为和非法融资的行为，应当杜绝这种套利杠杆行为。四是搞好资本市场。资本市场在一定程度上为国民经济走势提供预测思路，同时也是资源优化的重要渠道，所以健全资本市场的基础性制度十分有必要。五是管控房地产行业。在房地产开发商购买土地的环节加强限制，尽量不允许其融资借贷买地，控制房屋预售环节，控制房地产企业在楼盘还未盖好时就预售的行为。同时，还要规范人民贷款的规范，尽量避免零首付贷款。

（三）补短板

补短板是指对国民经济中的薄弱环节制定改革方案，制定方案时要因地制宜。补短板是补民生服务业的短板，补新动能和核心的高精尖技术的短板，补经济投资的短板，补精准扶贫的短板，补营商环境的短板，更是补城乡协调发展的短板。

政府和相关部门需要通过供给侧结构性改革推动经济转型升级，积极发展养老行业和健康行业，应对人口老龄化问题，提高就业率，促进经济健康发展。通过企业帮扶和领导干部帮扶，提高贫困地区的贫困群众自我发展的能力，改善他们的生活环境和生产条件，为全国经济同步发展打下基础。继续推进城镇一体化，加大对农村地区的资金投入，建设农村地区的水网、电网等基础设施，调动各方积极性，促进资金流动，不断培育新的经济发展区，为国家经济培养新动能。

就目前而言，补现有公共卫生系统和传染防治工作的短板是宏观经济调控的具体实施路径之一。首先，要加大公共卫生领域的投资力度。将原本投入基础公共设施的资金分出一部分到公共卫生领域的供给，促进中国经济高质量发展。其次，要建立健全医疗和公共卫生体系。除了大城市外，其他城市和地区，尤其是镇、乡两级的公共卫生系统还不健全，医疗资源配置还不够充足，医护人员配备也不充足。如果可以健全卫生体系，扩充医护人员的编制，不仅会缓解医疗压力，还可以促进消费增长，使经济总水平提升。再次，最好建立独立的公共卫生防疫体系，从发生到应对都有完备的解决方案和隔离系统。最后，着重培养国家的医疗人才，医疗卫生人才的培养一定要在保证质量的基础上不断扩大规模，尝试建设针对突发公共卫生事件的专门学科，加强国内外的医疗技术领域的交流。总之，保障生命安全就是保障财产安全，就是保障经济稳定发展。

（四）降成本

降成本的主要发力点应在降低制度性成本上。目前，中国推行的以贸易自由化、便利化为目的的自由贸易区就是宏观经济调控中降成本的重要举措之一。2015年，国务院公布了《自由贸易试验区外商投资准入特别管理措施（负面清单）》，通过这一“负面清单”减少行政管制，降低行政成本，优化自贸区的营商环境，为整个市场提供了降成本的较好范本。

降成本的一大着力点为降低税收成本。以降低税收成本调控经济结构最好的例子就是各经济特区、开发区和新区的企业所得税，据调查，这些地区的企业所得税只有15%，而其他地区的企业所得税从20世纪80年代的55%降到20世纪90年代的33%，如今的企业所得税普遍为25%。调整税收依然是漫长的过程，但针对降低税收成本的改革方案必不可少，调整我国税收结构是重要的调控路径。将间接税（如消费税和增值税）的比例降低，提高直接税（如环境保护税、资源税及个人所得税）的比例，与之并行不悖的是税务部门合理征收税款，如此才能促进经济发展又快又稳。

降成本的另一大着力点为降低劳动力成本。造成劳动力成本偏高的一大因素为冗员，企业无法减少过多的劳动力，只能通过降低劳动时长来应对，这样的劳动机制使冗员的工资占用了大量市场资金，间接抬高了劳动力成本。造成劳动力成本偏高的另一大因素就是社保缴纳的费用占用了大量成本。在经济呈现下行态势的时候，劳动力成本造成的经济矛盾非常明显，这种负担对个人、企业和国家来说都十分沉重。所以，降成本的重要措施之一就是统筹全社会社保体系，降低社保缴费率。此外，还需要提高居民的收入以进行宏观经济调控。

（五）深化土地市场化改革

土地是国家赖以生存的基础，也是全人类生活的要素。宏观经济调控的实施路径之一就是深化土地改革。改革开放以来，中国经历了三次土地改革。第一次是始于1978年的土地家庭联产承包责任制改革，解放和发展了生产力，由此带来其他领域经济的高速增长；第二次是20世纪80年代施行的依照国家的法规和政策将土地的经营权和使用权转让的“土地批租”改革，土地出让的资金及税收费用创造了巨大的财富，为中国的现代化打下了坚实的基础；第三次则是2020年《中华人民共和国土地管理法》出台之后的集体土地全国市场化流动，此次改革最重要的内容是允许农村集体经营性建设用地直接入市。这样的举措有助于配置土地要素，有利于经济高质量发展。

深化土地市场化改革，需要控制建设用地的规模。坚决贯彻国家提出的“统一分配、层层分解、指令性管理”，各省市在国家规定的用地指标的范围内对土地进行分配，每年各级都将土地使用情况报国务院审批。这样，既保证地方土地使用的自主权，缩短审批的时间，也保证了中央政府可以从微观方面解脱，更好地着眼于宏观经济调控。

深化土地市场化改革，需要协调城乡用地。虽然我国土地制度经历过多次改革，但城乡土地间相互独立的矛盾却并未从根本上得到解决，这引发了一系列经济问题。比如，大量建设用地集中在城市，难以向农村倾斜，农村为发展自身经济以增加农民经济收入，就很容易将土地非法转为非农状态；而农村土地依靠合法方式转为非农用地时，土地补偿费用和出让费用往往会造成极大不平衡，导致农村人民的财产受损，加剧了城乡经济的差异；土地征收制度的缺陷也往往导致地方政府和农村居民在土地征收问题上产生大量的矛盾。由此可见，针对城乡用地的土地改革迫在眉睫。我国规定城市土地国有制、农村土地集体所有制，所以需要出台政策方案调控城乡用地，建设城乡一体化，使农村财政收入、地方财政收入和国家财政收入不会产生较大幅度的波动，并在此基础上保持增长态势。国家调控城乡用地拥有同等价格，保证土地流转方面较为顺畅，不会有所阻碍，科学研究土地收益的分配方式等措施，对于建设城乡土地使用市场极为必要。

深化土地市场化改革，就要打破地域限制。土地是一种公共资源，受政府管理且有总量管控，是可以进行市场化交易的。交易不只是常规意义的金钱交易，还是一种指标的交易。土地的市场化交易是宏观经济调控的实施路径之一。首先，要保证土地占用和补充的平衡交易。通俗来讲，就是一个地区占用多少土地，就要在此地区复垦出多少土地。从国家层面来讲，如果内陆地区占用土地，就可以在沿海地区复垦，但这种操作实现难度较大，市场化程度不高。其次，要保证建设用地的增加和减少的平衡。也就是说，建设的土地和拆除的用地保持平衡。以上两种市场化交易的重点支柱是土地权利人自愿复垦，并且最理想的愿景为净收益全部归土地权利人所有，即使不能做到全部归农，也要做到大部分收益归土地所有人。

深化土地市场化改革，就要提高用地整体效率。宏观经济调控着眼于经济全局，在土地利用方面，整活存量用地以发展经济。我国国土资源丰富，闲置土地的规模较为可观。一方面，可以通过青年创新创业、招商引资和完善用地手续等手段盘活闲置土地。同时，政府完善相关税收制度，使闲置土地利用时产生较少的利益分配矛盾。强化闲置土地应用的市场管理，避免发生暴力收租和强制收租。另一方面，农民进城并未使可利用的土地规模增长，主要原因是农民并未从农村土地退出。政府应当设法引导这些农民退出土地，支持农民有偿退地，进而促进旅游开发或复垦以盘活这类闲置用地。

总而言之，土地是一切财富的源泉。宏观经济调控从重新配置土地要素市场化配置入手，牵动其他资本、技术和资源协调发展，做大做强我国实体经济，最终促进经济全面发展。

（六）要素市场化配置

要素市场包括资本、劳动力、技术和土地等，要素市场化配置归属于供给侧结构性改革，但又是供给侧结构性改革的深化和创新突破。要素市场化可以建设拥有更高标准的市场体系，使供求机制、竞争机制和价格机制更好地发挥其在市场中的作用。如果说“三去一降一补”治标，那么要素市场化配置就是治本。要素市场化配置还有助于优秀产能在市场聚集，带动产业链发展，加强要素流动，促进整体经济发展。下面以要素市场化中的劳动力要素和技术要素探讨宏观经济调控的具体实施路径。

劳动力市场化配置的重要手段之一就是户籍改革制度。户籍改革制度通过放宽个别城市外的城市落户限制，改善进城人民的待遇条件。此外，建立健全医疗卫生制度、教育教学制度、创业就业制度等，释放和延长潜在的市场红利。技术市场化配置的重要手段是培育掌握高技术的人才、扶持重要技术的产业和发展新技术机构，构建科学研究、技术开发和市场推广之间的快捷渠道，促使经济向高质量发展。实现这样的宏观经济调控还需要整合数据

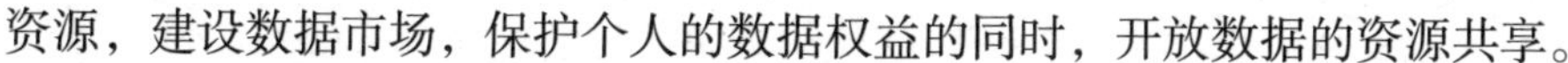

资源，建设数据市场，保护个人的数据权益的同时，开放数据的资源共享。

三、短期与长期结合调控

长期调控是指宏观经济调控中的供给侧调控，即政府通过建立长期经济制度，制定经济方案，调节未来经济的走势。一般而言，长期的制度调控主要包括财税、投资、土地和法制等方面的调控，户籍制度改革、土地配套、建立健全农民工财税制度等都囊括在内。短期调控是指宏观经济调控中的需求侧调控，即通过货币政策和财政政策对经济进行调控。短期与长期结合调控，顾名思义，即指供给侧和需求侧联合调控，从而控制经济的宏观发展。

我国的宏观经济调控对短期的需求侧调控与长期的供给侧调控的配合极其重视，并不断寻找新的配置模式，形成以点带面的经济增长格局，各经济特区、经济开发区就是短期启动与长期发展相结合的最好例证。以长江三角洲地区为例，在长期发展规划中将长江流域的整治与开发置于首位，将沿江流域的环境保护视作重中之重，践行"绿水青山就是金山银山"的发展理念，在此基础上加大对长江流域的镇县的公共基础设施投资，并率先实行工资结构方面的改革，放宽居民的房贷和车贷，刺激消费增长，从宏观上调控人民需求。与此同时，解决乡村和镇县人口就业问题，提高就业率，减少失业率，吸引全国各地知识分子和领导职工等参与长江沿岸的治理和开发的总体工作，大规模调控劳动力人口。在此基础上，形成以点带面的经济格局，从长江三角洲地区不断向周边地区辐射，从就业需求到住宅需求，再到公共基础的需求一一扩增，从而引发市场变革，使经济总体呈上升的态势。形成如此效应后，政府逐渐针对其中存在的弊端不断完善市场机制和经济体制，使营商环境逐渐变好。如此一来，国有企业、民营企业和外资企业都会入驻，资金的大规模流动促进市场逐步发展，带动高新技术产业发展，从而形成经济的良性循环，使经济发展，达到需求侧短期调控与供给侧长期调控相结合的宏观经济调控的最终目的。

第三节　宏观经济调控的实施

一、宏观经济调控实施的目标

（一）促进经济增长

所谓“经济增长”，就是国内生产总值，通常用GDP来表示。一般而言，经济生产能力的提高和实际国民收入的增加代表了一个地区（或国家）经济的增长。而衡量经济增长的尺度是以GDP的增长率来体现的。传统意义上认为，经济增长并不等同于经济发展。经济发展的概念显然更宽泛，经济发展的前提是经济增长，而经济增长并不意味着经济发展。经济发展是经济增长到一定阶段，伴随着经济结构调整与升级。经济学者保罗·克鲁格曼（Paul Krugman）说：“生产率不等于一切，但从长期看它几乎意味着一切。”此观点认为经济增长是一个重要的宏观调控指标。如今，要想缩小与发达国家之间的差距，最直接的方法就是保持高速的经济增长速度，并且这个速度是动态平衡的。在此基础上，才能实现国民收入水平不断提高、就业不断稳定，最终实现经济的平稳有序增长。在2010年政府工作报告中，温家宝总理曾指出，我国国内生产总值的增长速率应该控制在8%左右，只有这样才能不断提高宏观调控水平，调整经济发展结构，转变经济发展方式，扶持低碳、绿色经济与高科技产业。

（二）维持物价稳定

宏观经济调控实施的第二大目标是保证物价稳定，也就是说商品综合价格水平保持平稳。维持物价水平的稳定，一方面需要避免通货膨胀，另一方面需要防止通货紧缩。通货膨胀，简称为通胀，从经济学角度分析就是一定时期内商品价格水平出现持续上涨。当商品价格水平出现持续不断的上涨时，即可判断当前经济处于通货膨胀期。通货膨胀通常用通货膨胀率来衡量。通货膨胀率主要是指一个时期到另一个时期价格指数的变动率，用CPI指数来衡量。一般控制在 3% ～ 6% 是比较合理的。通货膨胀有利有弊。适度的通货膨胀可以促进经济的发展，增加就业率，但过度的通货膨胀就可能带来严重的影响，甚至危害整个经济发展。从经济方面分析，通货膨胀具有以下影响：第一，影响收入分配，过度的通货膨胀会使物价上涨速度快于工薪阶层工资的增加速度，使得人们生活水平下降，而企业主从中可以得到实惠，同时人民生活水平下降会降低商品的购买力，反过来又会影响企业主的利益；第二，影响财产分配，家庭财产一般分为动产和不动产，比如国债等债券型资产，一旦出现通货膨胀现象，就会出现贬值，可能贬值的速度飞快，严重影响人们的财产；第三，影响产业和就业，短期的通货膨胀可能使企业利润大增，因此短期生产成本的增长速度会落后于产品价格的上涨速度，这时企业会扩大生产规模，增加产量，而随着长期的通货膨胀，企业盲目生产使利润水平下降，从而压缩生产规模，解雇工人，造成失业率增加，影响社会的稳定。从社会方面分析影响，长期的通货膨胀可能造成失业率上升，使社会不稳定因素增加，犯罪情况频繁发生，引发社会动荡。为此，将通货膨胀率控制在一定范围内是各国政府的首要任务。

（三）保持国际收支平衡

国际收支指一个经济体与另一个经济体之间，在一定时期内其居民同外国居民之间进行各种交往活动的所有记录。国际收支在判断交易活动时一般分为交换和转移两类。交换是双方之间的有偿服务；转移是单向的无偿服务。一般情况下，国际收支会处于动态平衡中，一旦脱离动态平衡，就会出现失衡的情况。开放经济状态下，一国国际收支失衡会影响整个国民经济运行，还会影响国内供给与需求，甚至影响世界经济的发展。国际收支失衡时会出现贸易顺差或者贸易逆差。

当出现贸易顺差时，本国货币升值，可以吸引资本流入，资本流入可以增加货币存量，使出口下降；当出现贸易逆差时，意味着进口大于出口，大量的进口会使本国经济发展受损，增加失业人数，还会导致本国外汇储备下降，货币贬值，资本外流。同时，长期来看，大量的进口将导致国际清偿能力不足，引发债务危机。

综合上述分析，只有立足国际形势变化和国内国际发展需求，强化对外贸易稳定发展，才能实现贸易双赢，促进国际收支平衡。经济增长、物价稳定、国际收支平衡这三大宏观经济调控目标是相互作用、相互影响的，运用科学的研究方法探究国民经济的运行，让国民经济有序稳定地持续发展，不断提高人民的物质文化水平是一条必经之路。

二、宏观经济目标调控实施手段

经济手段、法律手段和行政手段并称为国家宏观调控的三大手段。根据经济增长、物价稳定和国际收支平衡这三个调控目标的相互关系和影响，以及我国 40 多年改革开放的实践，总结出适应于我国国情的较佳手段的组合方式，即以经济手段为主，并与其他多种手段相结合来调控宏观经济目标。因为我国是以市场资源配置为基础的市场经济体制，即以市场经济为主并辅以计划经济，所以宏观经济调控目标是通过经济手段，主要由财政政策、货币政策和收入政策来影响和控制经济运行过程而实现的。

（一）财政政策

财政政策是政府为了调节国家经济活动总水平，采取的支出、税务和政府借债水平的政策选择。它由财政支出和财政收入（税务）构成。财政支出包括三方面：一是国家投资，大多用于科研基础设施、交通及环保等部门；二是政府消费，即政府对商品与劳务的采购支出；三是转移支付，包括社会保险和社会福利系统两大类，总的来说，转移支付大部分资金由政府承担。财政收入包括税收和国内公债。

（二）货币政策

货币政策是金融干预的政策和手段，是政府根据既定目标，通过中央银行对货币供给的管理，来调节信贷供给和利率，以影响宏观经济活动水平的经济政策。其主要内容是：第一，调节法定存款准备金率或称改变银行储备率。第二，改变贴现率，如中央银行提高贴现率，商业银行向中央银行借款以后，再贷给企业也需要提高利率，否则商业银行无利可图，而企业因成本加大，就会减少借款，进而降低金融机构的货币供应量。相反，如中央银行降低贴现率，则会普遍降低利率，扩大贷款数量，增加货币的供应量。第三，公开市场业务，即中央银行在公开市场买进或卖出有价证券，用以增加或减少货币供应量。当前，继续实施适度宽松的货币政策，以满足经济发展的合理资金需求，同时也有利于管理好通货膨胀预期，提高金融支持经济发展的可能性。

（三）收入政策

所谓“收入政策”，其实就是对当前货币政策与财政政策的补充。收入政策通常是指政府为了减慢物价上涨的速度，而采取的调整货币工作与控制价格的一种政府行为。

第三章　宏观经济模型

第一节　宏观经济模型分类及特征

一、古典宏观经济学模型

在价格水平保持不变和总需求不足的情况下，IS-LM 模型不仅决定了总需求，同时也决定了总产出，这些都是我们所熟知的结论。但是，如果不与古典宏观经济学比较，我们很难看出《通论》的创新之处。为此，下文就介绍了一个与 IS-LM 模型略有不同，但却反映了古典宏观经济学之基本内涵的宏观经济模型。①

假设总需求依然由式 3-1 至 3-4 决定，但总需求并非决定总产出的唯一因素。如果价格是内生变量，即市场能够通过价格调节来实现出清，如式 3-5 所示的短边原则便不再成立。这时，总产出还应取决于如下总供给函数。

$$Y=F(N),\ F'>0,\ F''<0 \tag{3-1}$$ ②

其中 N 表示就业人数。劳动力市场的供求状况决定了 N 的大小。给定工资水平 W 和价格水平 P，完全竞争型的厂商将根据劳动边际生产率等于实际工资的原则来确定劳动力需求，于是就可以得到如下所示的劳动力需求函数。

$$N=F'^{-1}(W/P) \tag{3-2}$$

为了简便起见，假设劳动力供给力常数。在工资水平可以自由变化的情况下，劳动力市场能够通过实际工资的变化来实现出清，式 3-1 因而可以被改写为如下函数。

$$Y=F(\bar{N}) \tag{3-3}$$

式 3-3 表明，总供给是一个取决于 $\bar{N}$ 的常数。总供给等于总需求依然要求式 3-6 成立，不过式 3-6 的经济含义已经由短边原则变成了市场出清条件。

由于无法对大萧条做出令人信服的解释，认为均衡状态下的产出水平取决于总供给，以及经济可以自动回复均衡状态的古典宏观经济学受到了经济学家的普遍怀疑，正是这种怀疑促使了《通论》的诞生。一个自然的问题就是，究竟是什么因素导致了凯恩斯宏观经济学与古典宏观经济学之间的巨大差异？引入如式 3-3 所示的总供给函数是古典宏观经济学模型与总需求不足下的 IS-LM 模型的一个明显不同。但是，如果把一条垂直于 X 轴的总供给曲线引入 IS-LM 模型，从式 3-2 中可以看出，只要价格存在刚性，并且高于市场出清时的水平，总需求不足就会出现。进一步，根据式 3-1 可知，总产出低于充分就业状态必然使得 $N<\bar{N}$，即导致非自愿失业的产生。由此可见，虽然古典宏观经济学强调总供给（比如著名的萨伊定律），而凯恩斯宏观经济学强调总需求，但就导致这两种理论出现巨大差异的原因而言，价格刚性的作用显然重要得多。事实上，如果价格水平能够自由调整，IS-LM 模型完全可以被视为对古典宏观经济学的一个补充。

二、菲利普斯曲线与总供给曲线

弗里德曼（1970）曾经把价格刚性作为区分古典宏观经济学和凯恩斯宏观经济学的主要依据。弗里德曼无疑抓住了两者之间某些本质上的差异，但这种做法却很容易招致批评，原因在于《通论》并没有明确要求价格存在刚性。凯恩斯在《通论》的第 21 章中这样写道："一般说来，总需求之增加，一部分用在增加就业量，一部分用在提高物价水准。故事实上并不是当有失业存在时，物价不变，一达到充分就业，物价即随货币数量作同比例增加；而是当就业量增加时，物价逐渐上涨。"由此可见，为了能更好地反映《通论》中的"原旨"，经济学家必须找到一条向上倾斜的总供给曲线。

威廉·菲利普斯（William Phillips，1958）发现，失业与名义工资变化率之间存在显著的负相关性。两者之间的关系可以被简单地表示为如下函数。

$$\frac{W_t - W_{t-1}}{W_{t-1}} = -\theta\,\frac{\bar{N} - N_t}{\bar{N}} \tag{3-4}$$

其中 θ 是一个大于 0 的常数；W_t 和 N_t 分别表示第 t 期的工资水平和就业人数；$\bar{N}$ 表示劳动力供给或充分就业人数。这样，$(W_t-W_{t-1})/W_{t-1}$ 和 $(\bar{N}-N_t)/\bar{N}$ 就可以分别表示第 t 期的工资变化率和失业率。在古典宏观经济学模型中，由于工资水平可以自由变化，经济始终处于充分就业状态。因此，如式 3-4 所示的菲利普斯曲线很好地反映了周期性的非自愿失业，从经验研究的角度为凯恩斯宏观经济学提供了支持。经过里查德·利普塞（Richard Lipsey，1960）与保罗·萨缪尔森（Paul Samuelson，1960）和罗伯特·索洛（Robert Solow，1960）等人的努力，如式 3-4 所示的菲利普斯曲线很快被引入宏观经济学，并且一度成为总供给曲线的代名词。下面我们就将介绍如何利用菲利普斯曲线推导出总供给曲线。

名义工资包含了价格因素，就业人数则反映了产出水平。因此，如式 3-1 所示的生产函数可以作为推导总供给曲线的起点。不失一般性，假设生产函数为 C-D 型（柯布 - 道格拉斯型）：

$$Y_t=A\ N_t^{\alpha} \tag{3-5}$$

其中 Y_t 表示第 t 期的产出；A 和 α 分别表示生产率和劳动产出弹性，有 $A>0$ 和 $\alpha\in(0,\ 1)$。利用式 3-5，根据实际工资应当等于劳动边际生产率的要求可得如下函数。

$$\frac{W_t}{P\,t}=\alpha\left(\frac{Y_t}{N_t}\right) \tag{3-6}$$

当变量 X 位于 0 附近时，利用一阶泰勒级数展开可知 X-1≈ln(X)。因此，我们可以把式 3-4 近似地改写为如下函数。

$$W_t-W_{t-1}=\theta(n_t-\overline{n}) \tag{3-7}$$

其中小写字母表示变量的对数值。对式 3-5 和式 3-6 两边同取对数，并利用式 3-7 可得如下函数。

$$P_t-P_{t-1}=\emptyset(y_t-\overline{y})-\varphi(y_{t-1}-\overline{y}) \tag{3-8}$$

其中 $\emptyset=(1+\theta-\alpha)/\alpha$ ；$\varphi=(1-\alpha)/\alpha$ ；$\overline{y}$ 表示实现充分就业时的产出水平的对数形式。式 3-8 表明，价格水平发生变化的原因在于经济偏离了充分就业水平。P_t-P_{t-1} 表示第 t 期的通货膨胀率 π_t，容易看出，当期产出与充分就业水平之间的偏差与 π_t 正相关，上期产出与充分就业水平之间的偏差与 π_t 负相关。对于第 t 期而言，y_{t-1} 是一个前定变量（predetermined variable），式 3-8 因此可以被改写为如下函数。

$$\pi_t = \emptyset y_t - (\theta\alpha^{-1}\overline{y} + \varphi y_{t-1}) \quad (3\text{-}9)$$

这里省略了不重要的常数项。式 3-9 通常被称为准菲利普斯曲线（Quasi Philips curve），它表明了产出与通货膨胀率之间的关系。由于 p_{t-1} 也是一个外生给定的常数，式 3-8 可以被进一步改写为如下函数。

$$\pi_t = \varphi y_t + (p_{t-1} - \theta\alpha^{-1}\overline{y} - \varphi y_{t-1}) \quad (3\text{-}10)$$

这里同样省略了常数项。式 3-10 即为我们熟悉的向上倾斜的总供给曲线。虽然人们对于菲利普斯曲线的微观基础有着不同的认识，但既然经验研究支持菲利普斯曲线和据此推导出来的向上倾斜的总供给曲线，而这样的总供给曲线又被认为是完善凯恩斯宏观经济学的关键，经济学家也就乐于把菲利普斯曲线视为一种自然的经济规律。

三、新古典综合模型

把菲利普斯曲线引入 IS-LM 模型可以在放弃价格刚性假设的情况下获得《通论》中的基本结论，这是经济学家在 20 世纪 60 年代初期的重要发现。这种介于总需求不足下的 IS-LM 模型和古典宏观经济学模型之间的分析框架通常被称为“新古典综合”方法。下面我们就将借助于一个简单的新古典综合模型来展示他们的研究成果。

假设总需求依然由式 3-1 至 3-4 决定，市场出清条件则由式 3-6 决定。根据式 3-9，总供给可以被改写为如下更加一般的形式。

$$P=H(Y),\ H'>0 \quad (3\text{-}11)$$

其中 $H(Y)$ 反映了通货膨胀率与产出水平之间的关系。这样，式 3-1 至 3-6 和式 3-11 就构成了一个新古典综合宏观经济学模型。与前文中总需求不足下的 IS-LM 模型不同，由于引入了式 3-11，这里的价格变成了内生变量，总需求的变化也就可能对价格水平产生影响。

现在我们希望知道的是外生变量 G 和 M 的变化是怎样作用于内生变量的。对式 3-11 全微分后可得如下函数。

$$dP=H'dY \quad (3\text{-}12)$$

由于放弃了价格刚性假设，式 3-9 应当被改写为如下函数。

$$\frac{1}{P}\mathrm{d}M-(\frac{M}{P^2})\mathrm{d}P=L_1\mathrm{d}Y+L_2\mathrm{d}t \tag{3-13}$$

式 3-8，3-12 和 3-13 可以用如下所示的矩阵形式来表示。

$$\begin{bmatrix} 1-C' & -I_1 & -I_2 & 0 \\ L_1 & & L_2 & \frac{M}{P^2} \\ -H' & & 0 & 1 \end{bmatrix}\begin{bmatrix} \mathrm{d}Y \\ \mathrm{d}t \\ \mathrm{d}P \end{bmatrix}=\begin{bmatrix} 1 & 0 \\ 0 & \frac{1}{P} \\ 0 & 0 \end{bmatrix}\begin{bmatrix} \mathrm{d}G \\ \mathrm{d}M \end{bmatrix}$$

利用克莱姆法则并且附加均衡状态下的稳定性条件，可以获得以下 4 个式子。

$$\frac{\mathrm{d}Y}{\mathrm{d}G}=\frac{L_2}{(1-C'-I_1)L_2+I_2L_1+(M/P^2)H'I_2}>0 \tag{3-14}$$

$$\frac{\mathrm{d}Y}{\mathrm{d}M}=\frac{L_2/P}{(1-C'-I_1)L_2+I_2L_1+(M/P^2)H'I_2}>0 \tag{3-15}$$

$$\frac{\mathrm{d}P}{\mathrm{d}G}=\frac{H'L_2}{(1-C'-I_1)L_2+I_2L_1+(M/P^2)H'I_2}>0 \tag{3-16}$$

$$\frac{\mathrm{d}P}{\mathrm{d}M}=\frac{H'L_2/P}{(1-C'-I_1)L_2+I_2L_1+(M/P^2)H'I_2}>0 \tag{3-17}$$

根据式 3-14 可知，引入总供给曲线以后，增加政府支出依然具有促进总产出的作用。但是，与式 3-11 相比，政府支出乘数出现了下降。其中的原因在于，总供给曲线的存在（$H'>0$）使得总需求的扩张部分地表现为总产出的增加，部分地表现为价格水平的上涨，如式 3-16 所示。在货币供给保持不变的情况下，随着实际货币余额的减少，货币市场出清要求利率上升，这就削弱了投资需求，从而降低了财政政策的效果。根据式 3-15 可知，引入总供给曲线以后，增加货币供给同样具有促进总产出的作用。但是，与式

3-12相比，货币供给乘数出现了下降。其中的原因在于，货币供给的增加引起了价格水平的上升，如式3-17所示。实际货币供给增加幅度的减少阻碍了利率的下降，抑制了投资需求的扩张，从而降低了货币政策的效果。从式3-14和式3-15中还可以看出，H'和I_2越大，即价格对于总产出和投资对于利率的敏感程度越高，财政政策和货币政策的效果越差。根据式3-14和3-15，可以进一步对财政政策和货币政策的效果进行评判。容易看出，与前文中的IS-LM模型一样，这种两者政策效果孰优孰劣依然取决于L_2和I_2的大小。

第二节　劳动产出模型

一、劳动产出模型概述

劳动力作为生产不可或缺的成分，既是经济体系中的初级要素，又是承接产业转移的重要内容。产业转移是某一区域内部的经济现象，其对市场的劳动力有反调控作用，同时还会影响资金和技术流入市场的总量。劳动产出模型的基础为华西里·里昂惕夫（Wassily Leontief）提出的投入产出分析法。这种分析法是将国民经济的各组成部门之间的数量编织成表格，将产品分配和产品投入直观地表现出来。同时，根据表格内容计算出投入系数和分配系数，根据这些系数建立普适性方程组，为分析需求对各部门产生的影响打下基础。同理，劳动产出模型即编制劳动力投入与产出的棋盘式表格，通过矩阵代数的求逆运算探究劳动力投入对经济产生的影响，即市场劳动力要素和市场总产值之间存在一种比例关系，在劳动产出部分生成的变化会间接影响经济各部门的产值，从而在宏观上影响经济。

从理论上来说，在不考虑固定资产折旧在就业方面的影响的前提下，劳动产出模型的前提是假设劳动所用的劳动力人数和资金等投入与经济体系的产值存在一种较为稳定的关系，也就是经济学中常提及的劳动消耗系数稳定。但是这种稳定依然是理想环境下的稳定，这种理想环境是指限制各区域内劳

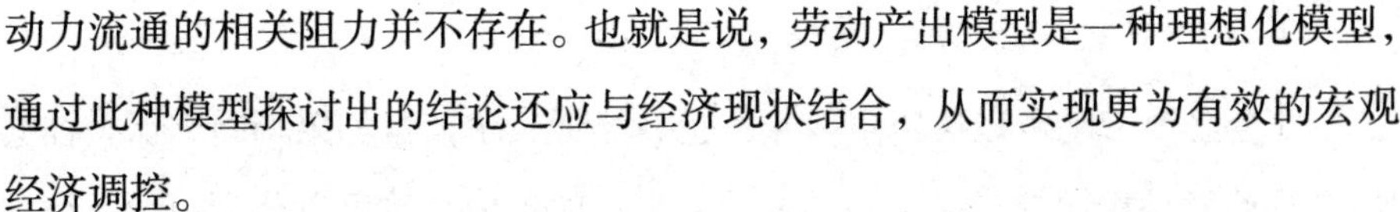

动力流通的相关阻力并不存在。也就是说，劳动产出模型是一种理想化模型，通过此种模型探讨出的结论还应与经济现状结合，从而实现更为有效的宏观经济调控。

二、劳动产出模型的建立

根据劳动的性质和劳动各组成部分在市场中的作用，将劳动产出模型分为三类，并分别探讨它们的建立方式。

（一）活劳动模型

顾名思义，活劳动模型是针对活劳动建立的模型，而活劳动是指当年经济体各部门投入的劳动。活劳动的生产产品有三种主要类型：第一种类型，原材料。原材料的最终形式为物化劳动，其属性在于当年生产、当年消耗。第二种类型，消费品。此种类型与生产生活最为接近，会被个人和社会消费。第三种类型，劳动工具。劳动工具是原材料和消费品之间的枢纽，更新、改造、积累是它的使命。

将以上三种类型的要素具体值列为表格，依据活劳动消耗和总产值计算单位产值所需要的劳动，即活劳动消耗系数。活劳动模型最终值为活劳动消耗和物化劳动消耗的和，活劳动消耗为活劳动系数与消耗产品的乘积加上与最终产品的乘积，所得值与物化劳动消耗即为最终值。

（二）完全劳动消耗模型

完全劳动消耗模型又被称为劳动产品模型，这种模型以高等宏观经济学为基础，进一步分析劳动产出模型的本质。一般来说，对于同一种产品，不论是其最终产品，还是转化为最终产品前的中间商品，都含有相同的价值量，而所有价值都需要由劳动创造。完全劳动消耗模型就是从劳动入手，通过各部门劳动消耗数值分解其中间价值，探究价值转移的路径，以此证明劳动价值论的正确性。

（三）社会必要劳动模型

社会必要劳动可以决定价值量，也就是说，价值量如果相同，那么社会必要劳动就是相同的。社会必要劳动所生成的价值大致可以分为两种类型：具体劳动生成价值和抽象劳动生成价值。通过二者建立模型换算出的社会平均劳动可以解决复杂的市场投入问题。

三、劳动产出模型的作用

劳动产出模型有助于探究经济内部的消耗关系，从劳动视角出发探究市场各部门的经济结构。首先，劳动产出模型能够通过劳动消耗找出价值减少量较多的部门，这些部门往往是经济系统中的落后产能，淘汰这些落后产能可以优化经济系统的结构，促进价值生成量稳步增加。其次，劳动产出模型能够直观展现劳动力稀缺、劳动资金匮乏、劳动技术薄弱的部门，针对这些部门制定宏观经济调控政策，不仅实现了对症下药，还避免了各种不必要的人力、物力消耗。最后，依据劳动产出模型，决策者可以针对产能过剩的经济部门，实施产能转移政策，保证经济市场的平稳流通。

第三节　经济计量模型

一、宏观经济计量模型的发展历程

（一）20 世纪 30 年代至 70 年代的宏观经济计量模型最初发展

宏观经济计量模型的建立开始于考尔斯经济研究委员会的工作，考尔斯经济研究委员会成立于 1932 年，创始人是阿尔弗雷德·考尔斯（Alfred Cowles III）。阿尔弗雷德提供资金赞助经济计量学会（Econometri Society）于1933年1月创立*Econometrica*。从期刊创刊日起，考尔斯经济研究委员会（后来被称为考尔斯基金会）成为经济计量学会档案中的主角。早期的宏观经济计量模型的构建，主要以 3 篇文献为核心：①简·丁伯根（Jan Tinbergen，以下简称“丁伯根”）的《1921—1933 年美国的经济周期》。丁伯根在书中使用普通最小二乘法对 1921—1933 年的数据进行拟合，得到关于美国经济的年度模型。丁伯根率先采用普通最小二乘法对完全递归模型估计，取得很大的成功。②劳伦斯·克莱因（Lawrence Klein，以下简称“克莱因”）的《美国经济波动》。这是一本宏观经济计量模型方面的早期专著，书中提出了 3 个美国经济模型，用于预测、政策分析、假设检验、描述经济、了解经济周期的本质。③荷兰中央计划局的 1955 年模型。该模型是在丁伯根的带领下建立的，主要用于 20 世纪 50 年代荷兰经济政策的制定。

早期考尔斯经济研究委员会的主要贡献是以经济理论为基础建立宏观经济的数学模型（联立方程模型）、用合理的统计方法进行参数估计、对估计结果进行检验。宏观经济计量模型的建立将有助于检验经济理论、宏观经济预测和为政策制定者提供建议。考尔斯经济研究委员会方法的基本特点是严格区分外生和内生变量，基于模型的短期动态性加入限制条件以获得识别，参数的估计方法通常用最小二乘法或工具变量法，几乎很少采用完全信息估计法。

丁伯根因为创立第一个宏观经济计量模型而获得第一个诺贝尔经济学奖（1969）；特吕格韦·哈韦尔莫（Trygve Haavelmo）因为阐明经济计量学的概率理论基础和对联立经济计量模型的分析做出贡献而获得诺贝尔经济学奖（1989）；克莱因也因为在经济计量学与宏观经济计量模型建立与运用方面的杰出贡献而获得诺贝尔经济学奖（1980）。

在 20 世纪 50 年代和 60 年代，即能源价格平稳、汇率稳定的经济相对稳定时代，是以克莱因为代表的宏观经济计量模型的发展时期。特别是 20 世纪 50 年代的克莱因 - 戈德伯格（Kleinr-Goldberger）和 60 年代的布鲁金斯（Bookings）学会 - 社会科学研究理事会的美国经济模型，成为那个时代的经典模型。K-G 模型是采用有限信息极大似然法（FIML）对 1929—1941 年和 1946—1952 年的数据进行拟合，模型由 15 个结构方程、5 个恒等方程和 5 个税赋转移辅助关系组成，其特点是引入新数据对已估计出的回归方程进行外推，适用于经济周期的预测。布鲁金斯模型是 20 世纪 60 年代“最大的、最高度分解的”模型，完全模型通常包含200多个方程，最多的时候曾经达到400个方程。其突出的特点在于综合了投入-产出系统和宏观经济计量模型的方法论。20世纪50年代和60年代是宏观经济计量学发展的黄金时期，多数国家都建立了宏观经济计量模型并成为经济预测和经济政策分析的重要工具。到20世纪60年代末期，宏观经济模型具有影响力、趋于大型化、采用先进的经济计量方法，由越来越多的复杂动态性组成，吸收了最好的经济学家的成就，模型中充满了许多新思想，如分布滞后、调整成本、适应性预期和理性预期、期限结构的期望理论、资本价格的“有效市场”理论、资本需求的投资组合理论、自然失业率和货币最优数量等。

（二）20世纪80年代宏观经济计量模型发展

到了20世纪70年代以后，有两件重要事件导致考尔斯经济研究委员会方法论影响的降低。一个是宏观经济计量模型的商业化，商业化经济计量公司的大量出现改变了模型的研究重心。基础研究屈服于每天更新模型数据的需要或是主观上调整预测结果使之“合理化”，以满足客户的特殊需要。另一个是“卢卡斯批判”（1976），罗伯特·卢卡斯（Robert Lucas，以下简称“卢卡斯”）认为宏观经济计量模型在政策目标分析中是无效率的。另外，20世纪70年代随着布雷顿森林体系崩溃、石油价格上涨和频频出现的周期波动，宏观经济模型预测失准，也引发了来自政策制定者和学术界的各种怀疑和责难，其中最有影响力的是来自克里斯托弗·西姆斯（Christopher Sims，以下简称“西姆斯”）（1980）的论点。在《宏观经济学与现实》文章里，西姆斯从三个不同侧面，反驳了考尔斯经济研究委员会在建模方法论的核心内容中关于行为方程模型识别的基本过程。首先，他认为经济理论提出了识别约束，这种约束显然比宏观经济计量模型中传统采用的方法要复杂许多，特别是理论上通常要求采用复杂的联立方程求解，这要求采用系统估计方法，而不是单方程估计方法。其次。传统的识别条件只是因为模型存在动态性而很容易满足这种识别，是虚假的，且在技术上是不正确的。最后，期望影响的重要性和政策制定者与当事人期望之间的相互影响使识别问题复杂化。

西姆斯提出一种处理宏观经济非稳定数据的向量自回归（VAR）模型方法，VAR模型是用模型中所有当期变量对所有变量的若干滞后变量进行回归，VAR模型尽可能避免使用理论，因而消除了基于不正确理论导致错误结果的可能性，这种方法已成为经典研究文献中的一个分支。查尔斯•纳尔森（Charles Neison）和查尔斯・普罗索（Charles Plosser）（1982）在《宏观经济时间序列的趋势和随机游走：一些证据和启示》文章中首先将VAR方法引入宏观经济变量的分析中。VAR方法成为有吸引力的研究工具有三个原因：首先，它提供方便的途径以描绘数据的特性，又不会引起经济理论来限制变量之间的动态关系；其次，许多完全设定的经济模型可以完全用模型变量的VAR形式来表示其结果，因此VAR模型被广泛应用于数据描述和模型表达；最后，向量自回归模型很容易以变的正交“创新”函数的形式描述系统变量的变化过程。

二、宏观经济计量模型

宏观经济计量模型建立者在结构建模与向量自回归建模相结合和将理性预期理论引入经济计量建模方面做了多方面尝试，取得一定的突破。

（一）VAR模型的改进

VAR模型是宏观经济计量建模的一种方法，但由于VAR模型不考虑经济理论产生的脉冲反应，因为“创新”不能被识别为内在的结构误差，因而无法给出任何结构性解释，该缺点使得人们不断对这种方法提出质疑。为此，奥利维尔•布兰查德（Olivier Blanchard）和丹尼•奎阿（Denny Quah）（1989）率先用结构型向量自回归模型的理论框架给出了美国宏观经济波动的凯恩斯解释。众所周知，考尔斯经济研究委员会将模型分为简化型和结构型结构模型，将内生变量表示成为其他内生变量、前定变量及随机项的方程。简化型方程实际上就是向量自回归模型，即每个内生变量等同于所有其他变量的滞后变量，而没有其他同期内生变量出现；结构型向量自回归模型则考虑了一些同期关系，该方法通常用于预测，很少用于政策评价，该模型不仅提出了向量自回归的框架，同时包括“结构”内容。通过脉冲反应分析对不同的冲击的协方差结构加以限制，不足之处是没有以特定的行为关系模拟经济结构。后来经济计量学者在结构型向量自回归模型的基础上提出结构性协整向量自回归方法，这种方法既有明显的经济理论基础，提供能深入分析反映宏观经济发生作用的行为关系，同时有明显的动态性，这种方法能将历史时间序列数据拟合好。假设每个宏观经济序列存在单位根，可以用从经济理论派生出来的长期关系与变量之间的协整关系联系起来，通过设定最大滞后长度，决定对数线性 VAR 模型的表达式，提供宏观经济的短期动态性。

（二）理性预期思想在宏观经济建模中的广泛应用

理性预期假设是在“所有有效信息”假定下，经济主体在进行预测和基于这些预测采取行动时是理性的最优化人员，阐明内生变量未来值的预期，例如预期通货膨胀率和预期汇率。这个理论最早是由约翰·穆斯（John Muth）（1960）提出。索洛的“单部门增长模型”和萨缪尔森的“世代交替模型”是将理性预期革命推向前方的载体。新古典学派的代表人卢卡斯将理性预期假设引入宏观经济学，他针对经济计量模型的政策分析目的提出了关于宏观经济计量政策评价的“卢卡斯批判”（1976），正式将“理性预期”概念引入主流宏观经济模型，同时以数学运算的形式表现出来，创立理性预期经济计量学，引发了人们对大规模经济计量建模对政策分析的作用的分析，创立了基于供给决定均衡的新古典概念的新宏观经济学。新一代的经济计量建模方法主要是以由公司和家庭做决定的动态最优化为基础的经济计量方法。其中最好的例子表现在实际经济周期理论里。实际经济周期理论的主要内容包括投资理论（边际调整成本，1967）、内生增长理论（人力资本，1988）、资本定价理论和货币理论等。英国的利物浦模型首次将前瞻性预期概念“市场出清”和“一致性预期”考虑到宏观经济计量模型中。

三、宏观经济计量模型法目前在我国运用的有限性

宏观经济计量模型法在国外已经常被用于宏观经济分析、预测和有关政策效果的模拟和评价。在我国，作为一种数量分析技术，宏观经济计量模型

法在一定条件下也可以有效地被加以利用。宏观经济计量模型法确为有用的分析方法，但在目前运用于我国时还要受到很大的限制，原因在于存在以下两方面的不对称。

（一）宏观经济计量模型的编制要求与现实的不对称

宏观经济计量模型是运用经济计量方法和有关现实经济的经验资料，描述或反映一国经济内在运行机制的数量结构体系。要使模型这种对现实的描述或反映的准确性达到应有的程度，模型的编制要有以下四个方面的要求：其一是经济理论的要求；其二是经验资料的要求；其三是经济计量方法的要求；其四是运算的要求。

我国现实情况对应于以上要求显然存在相当大的差距。

首先，我们还没有能更全面、更深入地描述我们宏观经济运行内部机制的经济理论。最客观的经济机制当然是其中一个原因，而长期以来，我国经济理论对客观经济运行机制的研究一直不重视，也是最重要的原因之一。目前，这种情况已经改变，并且在中国经济的理论圈子中不断变化，这种转型的经济理论正处于经济现实的轨道上，这使得经济理论逐渐走出了死胡同，在远离实际经济活动的同时，人们普遍认为从经济理论本身的发展来看，这是自然的，也是令人鼓舞的。在这种情况下，这些经济理论不能为模型开发人员提供更科学的共同基础和细微差别，模型的宏观结构和微观结构的发展往往建立在直觉或不成熟的基础上，有时甚至是不一致的理论，这显然对模型的构建产生了负面影响。

其次，经验资料与需要符合的要求方面有相当大的差距。制定宏观经济指标模型不仅需要实证统计数据，而且至少需要四个特征，即完整、准确、恒久与及时。但由于一系列主客观原因，我国长期以来的经济统计基本上没有这样的特征。

再次，在经济评价方法方面，我国与以前也没有太大的区别。一方面表现在经济评估的理论和方法仍然很少被理解和掌握，另一方面，目前对各种建模方法的应用缺乏认识和潜力。后一个方面需要更多的关注，因为通常情况下，我国对不同的测量方法只有着简单的理解和不够细致的应用，而在实践中，不同的方法有不同的假设要求。尽管有特定的要求，但假设某一方法用于获取的某些经验信息只是“错误”或“回归”，那么这些假设就是无用的，甚至是有害的（如线性假设、方差假设、相关性假设等）。在这方面，我们也有很多工作要做。

最后，也许最容易弥补的是计算机能力方面的差距，但目前无论在硬件，还是在软件上都会受到限制，这里不再详述。

（二）宏观经济计量模型运用条件与现实的不对称

尽管存在这些困难，我国的出发点依旧是制定宏观经济指标模型。那么在什么条件下，我们可以利用这个经验模型进行经济分析、经济预测和政策建模与评估？当然我们可以列举一些具体情况，但最重要的是，宏观经济模型描绘了过去或现在的经济机制，对于模型本身来说，这是模型结构参数稳定的条件。模型的结构参数是实际经济变量之间关联程度的量化指标，因此实体经济机制的定量特征、结构参数的不稳定性也表明，真正的经济联系和经济安排总体上是不稳定的，这意味着客观的经济实践经常发生变化，而且从长远来看，经济机制的不稳定性是绝对的，所以不应该要求模型的结构参数长期保持稳定。然而，模型结构参数在一定时期内的相对稳定性（特别是在分析期间）是其应用的主要条件。

总的来说，在一切事物的发展过程中，都有一定的相对稳定时期，经济机制的变化也是如此。那经济机制要相对稳定多久，才能满足模型的应用条件？当然，这段时间的绝对长度是不可能精确确定的，但毫无疑问，它们必须更长，比制作模型的时间还要长，否则一旦设计出来，它就可能失去代表性。经济机制保持相对稳定的时间越长，与这一稳定时期相比，模拟周期就越短。一般来说，模型的应用条件不仅包括经济机制的相对稳定性，而且需要经济机制在一定时期内相对稳定。

这个条件可以作为一个整体来满足，但在现阶段它并非如此。由于现阶段我国宏观经济机制不仅变化迅速，还经常发生跳跃和不规则的情况，这使得准备宏观经济模型的任务更加复杂，并大大限制了其应用的可能性。我们可以单独讨论在这里面临的三类基本经济关系，这三类基本经济关系是在宏观经济指标模型中确定的。

首先是所谓的制度联系，经济统计称之为相关可变因素之间的系统关系，由社会传统或政府规定的制度所决定，例如不同政府收入与有关纳税人的关系。显然，这种关系直接取决于经济体制，并随着经济体制的变化而变化。将我们的经济体系模式转变为新的经济体系模式，这是一个长期的过程。在这个过程中，一些旧的和不适应的模式将不断被打破，新的模式将逐渐形成，这将导致巨大的不稳定和体制模式的改变。实体经济中的制度关系作为一个整体结构经常发生相应的急剧变化，在这种情况下，确定与制度关系相对应的模型中的系统方程已经很困难，而且在运用时将更困难或无效。

其次，物质生产的技术关系。这种关系主要由一定时期内物质生产技术的水平和特点决定并随着时间再变化。在较原始的手工生产条件下的生产技术关系与机器生产条件下的生产技术关系完全不同；一般机器制造早期的生产技术关系也不同于现代自动化条件下的生产技术关系。模型中所能描绘的生产关系应该大致是一个范畴，否则就不完全具有代表性。但现实情况是，这三种非常不同的生产技术关系现在不仅在我们之间共存，而且正在发生迅速的变化，这是我国现阶段经济发展的标志之一。物质生产关系对模型中物质生产的相关技术功能的开发和应用极为不利。这些差异和波动越大，函数的概率和稳定性越小（一般来说具有代表性），反映了物质生产过程中投入与产出的技术比例，在我国目前的条件下，很难说哪些结构形式应具有更充分和更稳定的代表性。

最后是所谓的行为关系，即根据经济活动参与者的行为，自下而上的关系，具有的特征似乎是复杂多样的，但通常遵循一定的规律。因此，描述这种关系的函数也是任何宏观经济指标模型的一个重要组成部分。然而，如前文所述的类似的困难是：与经济和非经济因素有关，以及我们人民的习惯和习俗正在发生巨大变化，这些变化反过来又改变了人们的行为态度，使与之相关的功能关系难以定义和稳定。

第四节　宏观经济动态规划模型

动态规划是美国数学家理查德·贝尔曼（Richard Bellman）1957 年提出的，动态规划包括离散时间和连续时间两种情形，它在解决离散时间问题时较为方便，我们这里重点讲离散时间下的方法。此外，动态规划可以解决确定性条件下和不确定条件下的动态最优化问题，与变分法和最优控制相比，动态规划是求解不确定下动态最优化问题很方便的工具。

一、动态规划建模步骤

（1）分段

根据多阶段决策的经济问题，将过程进行适当的分段（按时间或空间划分）。

$$k=0,1,2,\cdots,n$$

（2）选择变量

正确选择状态变量，它既能描述过程，又能满足无后效性。同时，明确初始状态 x_0。

（3）确定决策变量以及每个阶段的允许策略集合 D_k（ u_k ）

（4）写出状态转移方程

$$x_{k+1}=T_k(x_k,u_k)$$

（5）明确各个阶段的一期报酬函数

$$v_k(x_k,u_k)$$

确定整个阶段的目标函数：

$$V_{0,n}(x_0,x_1,\cdots,x_n)=\sum_{k=0}^{n-1}v_k(x_k,u_k)+v_n(x_n)$$

（6）写出多阶段决策模型

$$\max \sum_{k=0}^{n-1} v_k(x_k, u_k) + v_n(x_n)$$

$$\text{S.T.} \qquad x_{k+1} = T_K(x_k, u_k)\ k = 1,2,\cdots,n$$

$$u_k \in D_k(u_k), k = 1,2,\cdots,n-1 \qquad x_0\text{给定}$$

（7）定义值函数

$$f_k(x_k) = \max_{(u_k,\ \cdots,\ u_{n-1})} V_{k,n}(x_k,\ u_k,\ u_{k+1},\ u_{k+2},\ \cdots;\ u_{n-1})$$
$$= V_{k,n}\left(x_k,\ p_{k,n}^*(x_k)\right)$$

（8）写出动态规划基本方程（贝尔曼方程）

$$f_k(x_k) = \max_{u_k(x_k)\in D_k(x_k)} \{v_k(x_k, u_k) + f_{k+1}(\widetilde{x_{x+1}})\}\ k = n-1, n-2, \cdots, 1,0$$

其中：$\widetilde{x_{k+1}} = T_k(x_k, u_k^*)$。

（9）求欧拉方程

把状态转移方程 $x_{k+1} = T_k(x_k, u_k)$ 代入贝尔曼方程：

$$f_k(x_k) = \max_{u_k(x_k)\in D_k(x_k)} \{v_k(x_k, u_k) + f_{k+1}(T_k(x_k, u_k))\}$$

右边式子对控制变量求取最大化一阶条件，得：

$$\frac{\partial u_k(x_k, u_k)}{\partial u_k} + \frac{\mathrm{d}f_{k+1}}{\mathrm{d}x_{k+1}} \cdot \frac{\partial T_k(x_k, u_k)}{\partial u_k} = 0$$

贝尔曼方程对状态变量使用包络定理，得本尼维斯特 - 沙因克曼公式：

$$\frac{\mathrm{d}f_k}{\mathrm{d}x_k}=\frac{\partial v_k(x_k,u_k)}{\partial x_k}\Rightarrow\frac{\mathrm{d}f_{k+1}}{\mathrm{d}x_{k+1}}=\frac{\partial v_{k+1}(x_{k+1},u_{k+1})}{\partial x_{k+1}}$$

把由包络定理得出的

$$\frac{\mathrm{d}f_{k+1}}{\mathrm{d}x_{k+1}}=\frac{\partial v_{k+1}(x_{k+1},u_{k+1})}{\partial x_{k+1}}$$

代入

$$\frac{\partial v_k(x_k,u_k)}{\partial u_k}+\frac{\mathrm{d}f_{k+1}}{\mathrm{d}x_{k+1}}\cdot\frac{\partial T_k(x_k,u_k)}{\partial u_k}=0$$

得欧拉方程：

$$\frac{\partial v_k(x_k,u_k)}{\partial u_k}+\frac{\partial v_{k+1}(x_{k+1},u_{k+1})}{\partial x_{k+1}}\cdot\frac{\partial T_k(x_k,u_k)}{\partial u_k}=0$$

（关于某变量的差分方程，可用差分方程法求解或用迭代法模拟解的路径。）

二、贴现形式的无限期动态规划

目标函数具有贴现形式：

$$v_k(x_k,\ u_k)=\beta^k v(x_k,u_k),0<\beta<1$$

（1）带贴现的平稳无限期多阶段决策模型

$$\max\sum_{k=0}^{\infty}\beta^k v(x_k,u_k)$$

$$\text{S.T.}\qquad x_{k+1}=T_K(x_k,u_k)\ \ k=1,2,\cdots,n$$

$$u_k \in D_k(u_k), k = 1,2,\cdots,n-1 \qquad x_0\text{给定}$$

（2）定义值函数

$$f(x_k) = \max_{(u_k,u_{k+1},\cdots)} V_{k,n}(x_k,u_k,u_{k+1},u_{k+2},\cdots) = \max_{(u_k,u_{k+1},\cdots)} \left\{\sum_{i=0}^{\infty} \beta^i v(x_{k+i},u_{k+i})\right\}$$

（3）贝尔曼方程

$$f_k(x_k) = \max_{u_k(x_k)\in D_k(x_k)} \{v_k(x_k,u_k) + \beta f(\widetilde{x_{x+1}})\} \ k = n-1, n-2, \cdots, 1, 0$$

其中：$\widetilde{x_{k+1}} = T_k(x_k, u_k^*)$ 。

（4）欧拉方程

把状态转移方程 $x_{k+1} = T_k(x_k, u_k)$ 代入贝尔曼方程：

$$f_k(x_k) = \max_{u_k(x_k)\in D_k(x_k)} \{v_k(x_k,u_k) + \beta f\big(T_k(x_k,u_k)\big)\}$$

右边式子对控制变量求取最大化一阶条件，得：

$$\frac{\partial v_k(x_k,u_k)}{\partial u_k} + \beta\frac{\mathrm{d}f(x_{k+1})}{\mathrm{d}x_{k+1}} \cdot \frac{\partial T_k(x_k,u_k)}{\partial u_k} = 0$$

贝尔曼方程对状态变量使用包络定理，得：

$$\frac{\mathrm{d}f(x_k)}{\mathrm{d}x_k} = \frac{\partial v_k(x_k,u_k)}{\partial x_k} \Rightarrow \frac{\mathrm{d}f(x_{k+1})}{\mathrm{d}x_{k+1}} = \frac{\partial v(x_{k+1},u_{k+1})}{\partial x_{k+1}}$$

把由包络定理得出的

$$\frac{\mathrm{d}f(x_{k+1})}{\mathrm{d}x_{k+1}}=\frac{\partial v(x_{k+1},u_{k+1})}{\partial x_{k+1}}$$

代入

$$\frac{\partial u_k(x_k,u_k)}{\partial u_k}+\beta\frac{\mathrm{d}f(x_{k+1})}{\mathrm{d}x_{k+1}}\cdot\frac{\partial T(x_k,u_k)}{\partial u_k}=0$$

得欧拉方程：

$$\frac{\partial v_k(x_k,u_k)}{\partial u_k}+\beta\frac{\partial v(x_{k+1},u_{k+1})}{\partial x_{k+1}}\cdot\frac{\partial T(x_k,u_k)}{\partial u_k}=0$$

三、确定性动态规划的经济学应用

（一）确定性条件下的储蓄

消费者的目标：选择每期消费实现长期的效用最大化。

$$\max\sum_{t=0}^{\infty}\beta^t U(c_t)$$

$$\text{S.T.}\quad A_{t+1}=R_t(A_t+y_t-c_t)\quad t=0,1,2,\cdots\ A_0\text{给定}$$

A_t: t期初的财富。y_t: t期的劳动力收入。R_t: t期储蓄利率。C_t: t期的消费。

（1）定义状态变量

$$(A_t,y_t,R_{t-1})$$

（2）定义控制变量

$$s_t=R_t^{-1}A_{t+1}=A_t+y_t-c_t\text{（储蓄）}$$

（3）转移方程

$$A_{t+1}=R_t s_t$$

（4）一期报酬函数

因为 $c_t = A_t + y_t - R_y^{-1}A_{t+1}$，所以一期报酬函数$v(x_t, u_t)$变为：

$$\beta^t U(c_t) = \beta^t U(A_t + y_t - R^{-1}A_{t+1}) = \beta^t U(A_t + y_t - s_t)$$

（5）定义值函数

由

$$\mathrm{f}(x_k) = \max_{(u_k, u_{k+1}, \cdots)} \left\{ \sum_{i=0}^{\infty} \beta^i v(x_{k+1}, u_{k+1}) \right\}$$

得

$$\mathrm{f}(A_t, y_t, R_{t-1}) = \max_{(s_t, s_{t+1}, \cdots)} \sum_{i=0}^{\infty} \beta^i U(A_{t+1} + y_{t+1} - s_{t+1})$$

（6）贝尔曼方程

$$\mathrm{f}(A_t, y_t, R_{t-1}) = \max_{s_t} \{U(A_t + y_t - s_t) + \beta \mathrm{f}(A_{t+1}, y_{t+1}, R_t)\}$$

（7）欧拉方程

把状态转移方程 $A_{t+1} = R_t s_t$，代入贝尔曼方程：

$$\mathrm{f}(A_t, y_t, R_{t-1}) = \max_{s_t} \{U(A_t + y_t - s_t) + \beta \mathrm{f}(R_t s_t, y_{t+1}, R_t)\}$$

右边式子对控制变量求取最大化一阶条件，得：

$$\frac{\partial U(\mathrm{A}_t, \mathrm{y}_t, \mathrm{R}_{t-1})}{\partial s_t} = \beta \frac{\partial \mathrm{f}(R_t s_t, y_{t+1}, R_t)}{\partial A_{t+1}} \cdot \frac{\partial (R_t s_t)}{\partial s_t} = 0$$

$$\Rightarrow U'(c_t) \cdot \frac{\partial (A_t + y_t - s_t)}{\partial s_t} + \beta \frac{\partial \mathrm{f}(R_t s_t, y_{t+1}, R_t)}{\partial A_{t+1}} \cdot R_t = 0$$

$$\Rightarrow -U'(c_t)+\beta R_t\frac{\partial \mathrm{f}(R_t s_t,y_{t+1},R_t)}{\partial A_{t+1}}=0$$

贝尔曼方程对状态变量使用包络定理，得本尼维斯特 - 沙因克曼公式：

$$\frac{\mathrm{d}f(x_k)}{\mathrm{d}x_k}=\frac{\partial v(x_k,u_k)}{\partial x_k}$$

即

$$\frac{\mathrm{d}f(A_t,y_t,R_{t-1})}{\mathrm{d}A_t}=\frac{\partial U(A_t+y_t-s_t)}{\partial A_t}$$

$$\Rightarrow\frac{\partial(A_t,y_t,R_{t-1})}{\partial A_t}=U'(A_t+y_t-s_t)\cdot\frac{\mathrm{d}(A_t+y_t-s_t)}{\mathrm{d}A_t}$$

$$\Rightarrow\frac{\partial(A_t,y_t,R_{t-1})}{\partial A_t}=U'(c_t)\Rightarrow\frac{\partial \mathrm{f}(A_t,y_t,R_{t-1})}{\partial A_{t+1}}=U'(c_{t+1})$$

把本尼维斯特 - 沙因克曼公式

$$\frac{\partial \mathrm{f}(A_t,y_t,R_{t-1})}{\partial A_{t+1}}=U'(c_{t+1})$$

代入最大化一阶条件

$$-U'(c_t)+\beta R_t\frac{\partial \mathrm{f}(R_t s_t,y_{t+1},R_t)}{\partial A_{t+1}}=0$$

得到关于 Sr 的欧拉方程为：

$$-U'(c_t)+\beta R_t U'(c_{t+1})=0$$

欧拉方程的经济学含义：（拉姆齐规则）最优的消费选择应使得分配到这一期的消费的边际效用等于分配到下一期的消费的边际效用乘上利率和贴现率。

四、不确定性动态规划问题

（1）基本形式

①引入不确定性：

为独立同分布的随机变量序列（不确定因素）。

不确定因素影响着状态变量（状态变量为随机变量）。

$$x_{t+1} = g(x_t, u_t, \varepsilon_{t+1})$$

②目标函数是最大化期望值：

$$E_0 \sum_{t=0}^{\infty} \beta^t r(x_t, u_t)$$

［E_t（y）表示在 t 期的已知信息情况下随机变量 y 的数学期望。］

③不确定动态规划问题的形式：

$$\max \ E_0 \sum_{t=0}^{\infty} \beta^t r(x_t, u_t)$$

$$\text{S.T.} \quad x_{t+1} = g(x_t, u_t, \varepsilon_{t+1}) \quad t = 0,1,2,\cdots \ x_0\text{给定}$$

④贝尔曼方程：

$$V(x_t) = \max_{u_t}\{r(x_t, u_t) + \beta E[V[g(x_t, u_t, \varepsilon_t)]x_t]\}$$

（2）随机欧拉方程

贝尔曼方程右端的一阶必要条件：

$$\frac{\partial r(x_t, u_t)}{\partial u_t} = \beta E\left[\frac{\partial g(x_t, u_t, \varepsilon_t)}{\partial u_t} V'[g(x_t, u_t, \varepsilon_t)]x_t\right] = 0$$

贝尔曼方程右端的一阶必要条件：

$$V'(x_t)=\frac{\partial g(x_t,u_t,\varepsilon_t)}{\partial x_t}\Rightarrow V'(x_{t+1})=\frac{\partial r(x_{t+1},u_{t+1})}{\partial x_{t+1}}$$

由上边两式联立得随机欧拉方程：

$$\frac{\partial r(x_t,u_t)}{\partial x_t}=\beta E\left[\frac{\partial g(x_t,u_t,\varepsilon_t)}{\partial u_t}\cdot\frac{\partial r(x_{t+1},u_{t+1})}{x_{t+1}}\right]=0$$

五、不确定性动态规划应用

（一）回报为随机时的消费

（1）消费者试图最大化

$$\max \quad E_0\sum_{t=0}^{\infty}\beta^t U(c_t)$$

$$\text{S.T.}\quad A_{t+1}=R_t(A_t-c_t)\quad t=0,1,2,\cdots\quad A_0\text{给定}$$

（2）定义状态变量

$$(A_t,R_{t-1})$$

（3）定义控制变量

$$s_t=(A_t-c_t)$$

（4）转移方程

$$A_{t+1}=R_t(A_t-c_t)=R_t s_t$$

（5）报酬函数

$$U(c_t)=U(A_t-s_t)$$

（6）贝尔曼方程

$$V(A_t, R_t) = \max\{U(A_t - s_t) + \beta E_t V(s_t R_t, R_t)\}$$

（7）欧拉方程

贝尔曼方程右端的最大化一阶条件：

$$-U'(c_t) = \beta E_t V(s_t R_t, R_t) R_t = 0$$

对贝尔曼方程应用包络定理，得：

$$V'(A_t, R_{t-1}) = U'(c_t)$$

将此公式应用于一阶条件，得欧拉方程：

$$U'(c_t) = \beta E_t U'(c_{t+1}) R_t$$

（二）最优消费 - 资产组合模型

经济中有 j 种风险资产。定义如下。

$N_{j,t}$：投资者在 t 期投资于风险资产 j 的货币数量；$R_{j,t+1}$：风险资产 j 从 t 到 $t+1$ 时刻的总收益率；W_t：投资者在 t 期拥有的财富；C_t：投资者在 t 期的消费；U（C_t）：投资者在 t 期的效用。

投资者的目标：投资于 j 种风险资产，获得收益，实现长期消费效用的最大化。

（1）问题表述

$$\max E_0 \sum_{t=0}^{\infty} \beta^t U(C_t)$$

$$\text{S.T.} \quad W_t = C_t + \sum_{j=1}^{J} N_{j,t} \quad t = 0,1,2,\cdots$$

$$W_{t+1} = \sum_{j=1}^{J} N_{j,t} R_{j,t+1}$$

（2）定义状态变量

$$W_t$$

（3）定义控制变量

$$N_{j,t}$$

（4）状态转移方程

$$W_{t+1} = \sum_{j=1}^{J} N_{j,t} R_{j,t+1}$$

（5）定义值函数

$$V(W_t) = \max \quad E_t\left\{\sum_{k=0}^{\infty} \beta^k U(C_{t+k})\right\}$$

（6）贝尔曼方程

$$V(W_t) = \max\{U(C_t) + \beta E_t V(W_{t+1})\}$$

（7）欧拉方程

将约束方程代入，得：

$$V(W_t) = \max_{\{N_{j,t}\}_{j=1}^{J}} \left\{U\left(W_t - \sum_{j=1}^{J} N_{j,t}\right) + \beta E_t V\left(\sum_{j=1}^{J} N_{j,t} R_{j,t+1}\right)\right\}$$

右边的最大化一阶必要条件：

$$U'(C_t) = \beta E_t\left[V'(W_{t+1}) R_{j,t+1}\right]$$

对贝尔曼方程使用包络定理，得：

$$V'(W_t) = U'(C_t) \Rightarrow V'(W_{t+1}) = U'(C_{t+1})$$

合并两个方程，得欧拉方程：

$$U'(C_t) = E_t\left[\beta U'(C_{t+1})R_{j,t+1}\right]$$

经常将欧拉方程写为如下形式：

$$1 = E_t\left[M_{t+1}R_{j,t+1}\right]$$

其中：$M_{t+1} = \beta U'(C_{t+1})/U'(C_t)$ 称为定价核或随机折现因子。

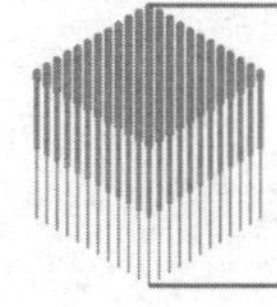

第四章　宏观经济预测理论和方法

第一节　经济预测的可能性与必要性

一、经济预测理论

经济预测理论（economic forecasting）是在对一定时期的客观经济活动过程进行深入调查的基础上，运用各种科学的方法，对掌握的经济信息加以分析研究后，所写出的评估和预测未来经济活动发展状况及变化趋势的报告。

经济预测理论通常分为三类：①按预测的范围，有国民经济预测、企业经济预测，介于两者之间的有部门经济预测、地区经济预测和世界经济预测。②按预测的时效，有短期预测、长期预测及中期预测。短期预测和长期预测的划分，因预测对象的性质、预测的要求、各国习惯而有所差别。两者区别的实质性标志在于预测期内的主要因素、经济结构等是否发生了根本性变化。中期预测则介于这两者之间。③按预测的性质，有质的预测和量的预测。只要求对预测事物有概括性的了解，描述其变化趋势，判断它出现的可能性或不可能性，就采用质的预测；从一些经济指标的已知值推算另一些指标的未来值，进而说明达到这些数值的概率，就采用量的预测。其中，预测的变量数值表现为单一数值，称为点值预测；预测的变量数值有一个幅度，处于上限和下限的区间之内，称为区间预测。

二、宏观经济预测必要性及可行性

（一）宏观经济模型

宏观经济模型是进行经济预测的主要工具之一。和教科书中的纯理论模型不同，宏观经济模型致力于实际应用，在宏观经济理论和数据之间建立了一座桥梁。随着计算机技术的发展和经济研究的需要，经济预测模型的规模日趋增大，而且涉及的内容日趋复杂，趋向于把若干不同的模型组合成为一个更大的综合模型，其中包括把投入 - 产出模型引进宏观经济计量模型，把若干国家的宏观经济计量模型连接成一个全球性模型，把企业的微观经济行为与宏观经济现象联系起来等几个领域。运用这些大型宏观经济模型进行宏观经济总量预测时，主要使用低频数据，以年度或季度为主，即使使用月度数据，往往也会将高频的月度数据加总为季度数据，然后应用同频数据的模型，对包括 GDP 在内的宏观经济总量指标进行分析和预测。

使用低频数据进行经济预测存在以下一些问题：第一，一般采用季度或年度模型进行分析时，虽然尽可能地使用最新公布的数据，但是这种低频数据由于数据发布的时滞性，不能反映最新的“实时”经济形势，造成整个模型预测工作滞后。第二，统计数据在最初公布后往往存在修订的情况，最终数据与最初公布的数据存在一定差异。虽然一般认为最终公布的数据可能更为真实可靠，但是很多预测分析人员却持有完全相反的看法，即认为最终数据经历多次修改，修改过程中包含了较多新信息的干扰，已经失真，反映的不是经济的实时信息，而是人们日后对当时经济形势的主观判断，从而对实证预测结果的准确性产生不利影响。第三，在宏观经济时间序列中有很多反映当前经济状态和未来经济走势的变量，比如 GDP、CPI 和股票指数等，其中时间序列的数据长度、抽样频率等不尽相同，而目前大多数时间序列模型都采用相同频率的数据，因此一般把高频数据序列加总为低频数据序列，造成数据信息的失真，降低预测精度。

（二）中国宏观经济

1. 2021 年第一季度中国宏观经济分析

2021 年第一季度，我国宏观经济稳中向好，2020 年初全球范围内爆发的新冠肺炎疫情对我国的宏观经济运行的不利影响得以化解，国民经济在“十四五”开局之年打下了牢固的高质量发展基础。

总体来看，2021 年第一季度，我国国内生产总值按去年同期可比价格计算增长 18.3%，创造了 1978 年改革开放以来的最高纪录。与 2019 年第一季度可比 6.3% 的两年等值增长速度计算，我国 2021 年第一季度国内生产总值规模已经恢复至疫情前的 98% 左右。由此可见，在以习近平同志为核心的党中央坚强领导下，我国已经基本消除了2020年年初全球范围内爆发的新冠肺炎疫情对国民经济的巨大不利冲击，并在全球范围内率先实现了国民经济的全面恢复。

就第二产业增加值的恢复情况而言，在2020年第一季度遭遇9.6%的快速萎缩后，2021年第一季度录得24.4%的超高速增长，按照相同的测算方法，第二产业增加值已经恢复至疫情前的102%左右，较2019年第一季度可比5.3%的两年等值增长速度实现了更快的增长；就第三产业增加值的恢复情况而言，在2020年第一季度萎缩5.2%后，2021年第一季度录得15.6%的超高速增长，按照相同的测算方法，第三产业增加值已经恢复至疫情前的96%左右，基本消除了2020年年初全球范围内爆发的新冠肺炎疫情的负面影响。

2021年第一季度，在国际大宗商品价格大幅抬升诱发的国内生产资料价格快速上涨的推动下，2021年第一季度GDP平减指数明显平稳上行，GDP平减指数增速明显，并达到2019年以来的阶段性高位水平。在最终消费领域，居民消费价格在2020年第四季度末至2021年第一季度初触底后，迅速摆脱通货紧缩区间，并在3月重新回升至正增长区间，非食品类消费品价格的温和上涨在第一季度对居民消费价格的回升起明显的支撑作用，由此国际大宗商品价格的大幅上涨已经开始通过国内生产资料的快速上涨影响最终消费品价格的上涨，输入性成本推动型通货膨胀正在形成。在中间生产领域，工业生产者出厂价格指数在2021年第一季度结束了自2019年1月以来的持续下跌，并在3月大幅反弹至4.4%的快速上涨水平。生产资料工业生产者出厂价格指数较上一年5月的-5.1%的低位水平大幅回调，超过10个百分点，2021年3月已经加速至5.8%的较高水平；生活资料工业生产者出厂价格指数亦扭转了上一年9月以来的暂时性下跌局面，至2021年3月已经回升至0.1%的上涨区间。就相对价格的调整而言，工业生产者出厂价格指数中生产资料与生活资料的剪刀差，由上一年5月约-5.6%的水平快速提高至2021年3月的5.7%，工业生产者出厂价格指数与居民消费价格指数的剪刀差，则由上一年4月的-6.4%快速提高至今年3月的4.0%，总体价格水平调整的结构性特征持续增强。

2. 2021 年第一季度突发事件和热点问题

2021 年第一季度，部分欧美国家对我国蓄意捏造“强迫劳动”罪名，对新疆棉花和中国纺织服装供应链进行打压、制裁。“新疆棉”事件反映出外部环境的严峻性与复杂性，同时也凸显了我国行业部门在供应链主导权、定价权与贸易中地位的相对弱势，以及我国产业安全所面临的挑战。为了进一步分析此次事件对我国产业链及外贸部门所带来的冲击，国家财政模型课题组采用全球动态可计算一般均衡模型模拟“新疆棉”事件对我国宏观经济及棉纺上下游行业部门所带来的影响，具体情景设置包括：①美国禁止进口新疆棉及棉织品；②良好棉花发展协会（Better Cotton Initiative, BCI）禁止采购新疆棉；③以上两个情景的综合影响。

研究结果发现，美国对新疆棉及相关棉纺制品的进口禁令对中国棉纺纤维作物出口并未带来实质性冲击，但中下游产品纺织品、服装出口有所下降，在纺织品下游贸易中与中国形成竞争关系的东南亚国家服装出口从中受益。BCI 对新疆棉花的采购禁令虽对我国棉纺纤维作物产出形成冲击，但国内对棉纺上游产品的消费需求有所提升，国产棉花将转为内销，且采购禁令对我国棉纺行业中下游产出、消费及进出口贸易影响较小。同时，对中国棉纺业供应链打击的负面影响将会延伸至其他供应链主要国家的下游纺织品、服装行业部门，包括东南亚、南亚国家的纺织品、服装出口均有不同程度受损。

2021 年第一季度，在全球经济艰难地从新冠肺炎疫情冲击中恢复时，美国拜登政府公布了总规模高达 1.9 万亿美元的财政刺激措施，旨在加速美国经济的复苏步伐。同期，美国 10 年期国债收益率在 2021 年第一季度较去年同期大幅抬升，并且国际大宗商品价格在 2021 年第一季度已大幅超过新冠疫情冲击前的水平，而包括美国联邦储备体系、欧洲中央银行及日本银行在内的全球主要经济体中央银行，均未明确超级量化宽松措施退出的时间表，由此引发国内外各界对未来通货膨胀加速和滞胀的担忧。

总体来看，包括 G7、G20、欧元区，以及亚太经合组织在内的主要经济体和经济组织的整体通货膨胀水平均保持在目标水平以内，并且在 2021 年第一季度尚未恢复至新冠疫情冲击前的平均水平。未来全球主要经济体通货膨胀水平在经济景气预期回升、财政刺激计划，以及大宗商品价格上升等供需力量的共同作用下，将继续向新冠疫情前的平均水平回升，暂时超过新冠疫情前平均通胀水平的可能性增强。但是，全球经济依然缺乏中长期持续加速通货膨胀的外部条件和内部基础，全球范围内出现恶性通货膨胀的概率较小。

约瑟夫·拜登（Joseph Biden）计划实施 1.9 万亿美元的美国纾困计划（the American rescue plan），其中 4000 亿美元用于失业补贴，3950 亿美元用于抗击疫情和医疗，3500 亿美元向州政府转移支付，3000 亿美元用于直接补贴居民，1700 亿美元建设教育，等等。课题组采用动态全球贸易分析项目（global trade analysis project, GTAP）模型及其最新数据库，模拟分析了拜登的刺激方案对美国及世界经济的影响和冲击。测算发现，拜登的刺激政策预计会呈现“损人利己”的效应。

一方面，拜登新政显著提振美国经济，但整体出口贸易出现下滑。具体来看，新政使美国 2021 年的实际 GDP 实现 2.88% 的额外增长，这意味着美国整体经济已迅速恢复到疫情爆发之前的水平。居民和政府消费都增长 2.90% 左右，投资增长近 3.00%，就业率下降 1.30%，国内的制造业和服务业产出都显著增长。然而，巨量的财政刺激导致的经济过热使美国的国内价格升高，尤其是生产要素价格增幅达到 1.54%，这使得美国的商品在出口市场上丧失了价格竞争力，导致出口下滑 0.40%，净出口减少 930.4 亿美元。

另一方面，从全球经济来看，拜登的刺激政策对大多数国家均造成了负面影响。主要体现在美国大量的直接和间接补贴使得其出口价格显著提高，其他国家的贸易条件相对恶化。世界主要经济体受到的波及程度不尽相同，受损幅度最大的为印度和韩国，实际 GDP 仅分别下降 0.06% 和 0.05%。考虑到当前的模型框架并不能很好地刻画市场过热和国际金融市场波动等因素，实际经济中其他国家受到的波及程度很有可能大于模拟结果。

此外，拜登新的经济刺激计划对中国经济有负面影响，但影响程度较小。我国实际 GDP 同比下降 0.02%，居民和政府消费均下降约 0.50%，投资下降

0.26%，国内的就业率下滑0.05%。但危机中也有机遇，我国的出口增长0.45%，各行业的净出口呈现出全面增长的态势，尤其是其他制造业（50.3亿美元）、采掘业（14.6亿美元）、化学橡胶制品（11.6亿美元）和家具业（11.6亿美元）。总之，我国较好地避免了拜登新政对我国经济贸易的不利影响，我国应该密切关注国内要素市场，有针对性地出台相关政策以缓解外部冲击，通过调整贸易政策帮助进口企业渡过难关，同时合理利用出口利好的势头，关注重点行业，争取更稳固的外贸优势。

3. 2021年宏观经济风险点

2021年以来，随着全球疫情逐步好转，经济复苏的预期不断强化，全球通胀预期持续抬升，全球货币政策转向渐行渐近。当前，国内经济恢复的基础尚不牢固，且存在恢复的不平衡性，在稳增长和防风险的平衡中，若国内外经济恢复和货币政策转向的节奏、时点不同步，将加大金融市场的波动性。

课题组采用包含新冠疫情和资产泡沫在内的动态随机一般均衡（dynamic stochastic general equilibrium, DSGE）模型来模拟政策疫情冲击和政策转向可能引发的金融风险。结果显示，从金融市场的角度来看，在新冠肺炎疫情爆发初期，资产价格会一路走低，而随着新冠肺炎疫情的传播得到有效控制，资产价格又开始走高，甚至超过疫情前的水平，这表明金融市场已经出现过热情形。在新冠肺炎疫情发展趋势开始好转之后，资产价格开始持续下降，资产泡沫破裂。更加危险的信号在于，在模型经济模拟的100周内，资产价格的下降趋势没有任何反转的势头。而全球政策转向及收紧趋势可能加快资产价格下跌的速度，加大金融风险。

4. 应对举措

要坚持以习近平新时代中国特色社会主义思想为指导，坚持稳中求进工作总基调，坚持以供给侧结构性改革为主线，按照经济高质量发展和新发展格局的战略部署，推进经济社会发展，保持经济平稳健康运行，实现高质量发展。

①更加注重宏观政策的连续性和稳定性，审慎把握政策转向时机和力度。当前，经济复苏开局良好，和资产价格高位并存，加剧宏观环境的复杂性，

加大调控难度，需多维度精准判断经济形势，更加科学精准地进行宏观调控。一是面对国际货币政策转向，既要保持国内经济复苏势头，又要防止政策收紧可能导致的资产价格大幅下跌而引发的金融风险。二是密切关注微观企业生产经营活动的恢复情况，切实保障微观主体活力。三是高度重视预期引导和管理，充分做好应对预案。

②释放要素体制剩余，加快推进新发展格局形成。构建以国内大循环为主体，国内国际双循环相互促进的新发展格局，需要加强国际合作，加快释放要素体制剩余，更好地释放制度红利。一是加强国际合作和协调。无论是“新疆棉”事件，还是国际政策转向，都意味着加强国际合作和政策协调的重要性，零和博弈势必会产生更大的不利冲击。二是积极推进国内大循环主体地位的形成。这需要加快释放要素体制剩余，以剩余的再投入来支撑需求牵引供给、供给创造需求的更高水平的动态平衡。

第二节　经济预测方法

经济预测方法一般分为质的预测方法与量的预测方法两大类。第一类方法，如专家调查法、民意调查法等。后一种方法是向消费者、生产者调查他们对未来发展的意见或意向，考虑其心理因素的预测方法。第二类方法，如时间数列法、指标分析法、因素分析法等。时间数列法是通过分析时间数列的组成要素来研究其变化形态，把过去的发展趋势延续下去和外推未来的预测方法。指标分析法是通过分析反映经济变动且互有联系的指标或指标组，研究那些预示经济转折的“动向”指标和预报经济可能出现严重问题的“警戒”指标，来确定经济形势变化的迹象的预测方法。因素分析法是用预测对象与影响它的因素之间的因果关系或结构关系建立经济数学模型来预测的方法。

经济预测一般包括四个阶段：①收集和分析预测所需要的各种资料；②进行各种预测计算，提出轮廓性的初步预测；③召开预测评论会议，以便起集思广益、集体判断的作用；④补充和修正预测，发布正式的预测报告。

上述过程构成了预测程序，周而复始地循环进行下去，这样的循环一般每年两次，大约每半年提供一次预测报告。

因为有人的意志和活动参与在经济过程中，所以经济预测不可能总是准确的。它的准确性有一个逐步提高的过程。正确的态度应该是从分析预测误差入手，找出预测失误或质量不高的原因，改进资料、理论、模型与方法、计算技术等各个环节，并促进其相互协调，努力提高预测的准确程度。对预测的作用要做实事求是的宣传和说明，在提高预测准确性的基础上，逐步增强人们对经济预测的信任感。

经济预测是在对一定时期的客观经济活动过程进行深入调查的基础上，运用各种科学的方法，对掌握的经济信息加以分析研究后，所写出的评估和预测未来经济活动发展状况及变化趋势的报告。①加权算术平均法：用各种权数算得的平均数称为加权算术平均数，它可以自然数作为权数，也可以项目出现的次数作为权数，所求平均数值即为测定值。②趋势平均预测法：趋势平均预测法是以过去发生的实际数值为依据，在算术平均数的基础上，假定未来时期的数值是它近期数值的直接继续，而同较远时期的数值关系较小的一种预测方法。③指数平滑法：指数平滑法是以一个指标本身过去变化的趋势作为预测未来的依据的一种方法。对未来预测时，则考虑近期资料的影响应比远期的大，因而以不同时期的资料作为不同的权数，越是近期资料权数越大，反之权数越小。

托马斯・萨金特（Thomas Sargent）和西姆斯教授因为发展了结构化多方程计量模型和向量自回归模型而获得了 2011 年诺贝尔经济学奖，为经济预测工作的发展奠定了基础。但总的来看，经济预测工作进展并不顺利，主要体现在预测精度不尽如人意，因此目前对于经济预测模型的评价标准往往不在于预测的准确度上，而主要关注其理论结构和逻辑分析体系的严谨性和前沿性。近年来，为了提高经济预测的准确度，实时预测方法不断涌现，成为经济预测新的有力工具。

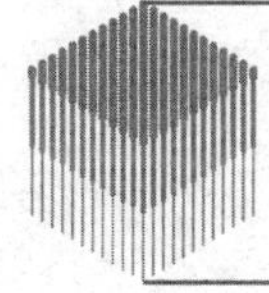

第五章　宏观经济管理

第一节　宏观经济管理理论的产生和发展

早在 17 世纪 60 年代，威廉·配弟在他所著的《赋税论》中，就以整个国民经济活动为研究对象，采取总量分析方法，对人口、财产和劳动收入同一国财政收支的关系进行了理论上的考察。二百多年过去了，随着现代经济的不断发展，对宏观经济的研究、分析和探索也不断深入。回顾宏观经济管理理论的发展历史，密切注视当代宏观经济管理理论发展的趋势，仔细倾听国内外学者对我国宏观经济管理的各种意见，对建立适合我国有计划商品经济发展的新的宏观经济管理制度具有重大的借鉴意义。

宏观经济管理理论是宏观经济学的一个方面，也可以说是宏观经济学的具体应用。在早期的西方宏观经济学说中，例如英国和法国古典政治经济学家对宏观经济的研究，基本上没有提出对社会经济进行宏观管理的问题。直到 19 世纪末 20 世纪初的西方宏观经济学说中，才比较多地提出了对社会经济进行宏观管理的问题。但是较全面的宏观经济管理理论是出现在作为现代西方宏观经济学产生标志的凯恩斯理论中。最后在现代西方各种后凯恩斯理论中，宏观经济管理理论得到了丰富多样的发展。

一、20 世纪初西方宏观经济管理理论的几个观点

19 世纪末 20 世纪初，是资本主义从自由竞争阶段向垄断阶段过渡的时期，为适应资本主义制度的需要，解释频繁的经济危机产生的原因和提供对策的需要，资产阶级宏观经济学进入了一个新的发展阶段。对社会经济进行宏观管理的需要，也被提了出来。其中有较大影响的是这样几种宏观经济理论：瑞典经济学家的动态均衡理论；约瑟夫·熊彼特（Joseph Schumpeter）的经济发展理论；英国和美国经济学家的货币数量理论；伦敦学派的经济周期理论，以及美国经济学家对国民收入的研究和对罗斯福“新政”时期宏观经济政策的理论探讨。

瑞典经济学家纲纳·缪达尔（Gunnar Myrdal）和埃里克·林达尔（Erik Lindahl，以下简称“林达尔”）等人在20世纪20年代末和30年代初，采取总量分析方法考察了资本主义国民经济的运动。他们的宏观经济理论的特色是把总量分析与动态的过程分析结合在一起，形成了宏观动态均衡理论，例如林达尔试图通过对动态的过程分析，建立一个一般动态理论体系，以代替传统的静态均衡分析。他认为，传统的均衡分析所讨论的变动是围绕着一个均衡点的摆动，这种分析是不适用于较长期的情况的，所以应当代之以过程的分析，即分析一定时期内的变动。这就是把一个过程分为若干个短的时期，在这些短时期的转折点上，生产、消费、价格都会相应地发生变化，这些变化又引起供给和需求的调整，所以需要分时期进行研究。在这种动态分析的理论基础上，林达尔认为一个集中的机构可以主持社会的收入、分配和资源配置，这样就有助于解决资本主义社会中存在的经济失调现象，可以使储蓄的变动与消费者支出的变动相适应。总之，瑞典经济学家在动态均衡理论的基础上，提出了通过中央银行的信贷和利息率政策来“指导”经济，或直接由中央计划部门主持全国性的资源配置的一种中央计划的设想，试图加强资产阶级国家机构对社会经济的干预。

1933年，美国罗斯福政府为了应对资本主义经济危机，实行了“新政”。罗斯福“新政”是一系列工业、农业、财政金融和对外经济政策、法令的总称。它的基本精神是运用国家政权的力量来调节国民经济。20世纪30年代初期，美国资产阶级经济学家提出的各种有关国家加强干预的政策建议，以及他们关于财政金融和就业问题的论著，直接影响了罗斯福和他周围的经济顾问。在这方面起重要作用的，是美国芝加哥大学和哥伦比亚大学的一些经济学家。其中，芝加哥大学教授雅可布·维纳（Jacob Viner）有较大影响。他认为，政府的收入可能来自三个途径：一是课税而来的，如果政府不课税和不把这笔钱用掉，那么这笔钱很可能留在私人手中作为储蓄或窖藏，对经济不发生作用。二是向社会借来的。如果政府不借钱和不把这笔钱用掉，那么社会上的这笔资金不一定会用于投资。三是扩大银行信用而来的。如果不扩大银行信用，那么经济中不会增加这笔政府支出。维纳由此断言，在经济萧条时，如果社会上投资不足，而政府又不设法动员这笔资金作为投资或支出，那么经济就不可能好转。另一位芝加哥大学教授保罗·道格拉斯（Paul Douglas）也积极主张用财政手段来应对经济危机。他提出，萧条时期政府应当依靠对公共工程的投资来活跃经济。公共工程支出的经费来自何处呢？道格拉斯认为有三种办法，即课税、增加政府债务、发行国库券或货币。所有这些观点，都是美国学者在凯恩斯发表《就业、利息和货币通论》前对宏观管理的初步论述。

二、凯恩斯宏观经济学说中的宏观管理理论

现代西方宏观经济学与20世纪30年代以前的西方宏观经济学有显著的不同。20世纪30年代以前的西方宏观经济学，一般来说，只限于对货币数量和利息率水平的分析，而不涉及国民收入的决定问题。以凯恩斯宏观经济学为代表的现代西方宏观经济学与此不同，它不是一般地研究国民经济总量的变动，而是主要研究国民收入的变动及其与就业、经济周期波动、通货膨胀等之间的关系，因此它又被称为收入分析。通过收入分析所得出的是资本主义经济不可能自动调节以实现充分就业均衡，并且在通常情况下出现的是小于充分就业均衡的论断。在凯恩斯看来，社会总需求的不足，即社会总消费支出和总投资支出不足是失业与生产过剩的原因，因此要想增加国民收入和扩大就业，就只有通过扩大公共投资来弥补这种不足。

三、后凯恩斯宏观经济学中的宏观管理理论

后凯恩斯的宏观经济学研究，是想把凯恩斯的理论“长期化”“动态化”“开放化”。这种发展沿着投资函数理论、消费函数理论、货币和通货膨胀理论、开放经济理论等方面进行。

在把凯恩斯的短期比较静态分析发展为长期动态分析方面，凯恩斯的追随者从“收入等于消费与投资之和”这一基本公式出发，考察投资与收入之间的关系的变化。哈罗德-多马经济增长模型的论点是，收入（产量）增长

率等于储蓄在收入中所占比率除以资本与产量的比率，或乘以产量与资本的比率。实际生活中经常存在着一个与均衡增长率相背离的实际增长率，它是社会上无数独立生产者分散地进行活动的结果。如果实际增长率大于均衡增长率，投资的需求就超过储蓄的供给，结果就会导致通货膨胀。相反，如果实际增长率小于均衡增长率，那么投资的需求就小于储蓄的供给，结果就会导致失业，并且在前一情况下，由于需求的增加刺激了生产，实际增长率将更大。相反，在后一情况下，由于需求不足使生产收缩，经济也就更加衰落。资本主义经济之所以经常处于不稳定状态，就是因为国民收入的实际增长率与均衡增长率不相等，也就是投资的需求与储蓄的供给不相等。总之，哈罗德-多马经济增长模型作为凯恩斯有效需求学说的补充和发展，为资产阶级政府调节经济进一步提供了理论依据，它适应了第二次世界大战结束后资本主义国家为稳定经济和加强对经济的干预的需要。

抑制通货膨胀是宏观经济管理的重要任务，根据后凯恩斯的通货膨胀理论，可以把通货膨胀分为需求拉上和成本推进两种类型，但不能由此引申出一次通货膨胀如果不是需求拉上型的，就是成本推进型的，两者并不是必居其一。一些后凯恩斯经济学家认为，实际上通货膨胀过程往往兼有两种类型的通货膨胀的因素。也就是说，需求方面的因素同供给方面的因素常常彼此依存，共同起作用。比如说，一次通货膨胀可能首先从过度需求的出现开始，过度需求使物价上升，而物价的上升又提高货币工资率。只要这时的货币工资率的提高幅度大于劳动生产率的增长幅度，就表明供给方面的因素，即成本推进的因素也发生了作用。因此，根据后凯恩斯理论，如果过度需求伴随着工资率的增长快于劳动生产率的增长，或者在充分就业条件下，出现货币工资率的过快增长，那么这时所发生的通货膨胀将是混合的通货膨胀，即既受需求因素的推动，又受供给因素的推动的通货膨胀。对于这种混合的通货膨胀，后凯恩斯派认为目前还很难找到有效的单一对策，而只能采取一揽子措施，即兼用紧缩的财政政策和货币政策、工资和物价管制、人力政策等，才能使它缓和下来。

第二节　宏观经济管理的内容和目标

在我国，成熟的市场运行机制尚未形成，市场在经济发展当中的自我调控与自我完善效果还有待完善，仅仅依靠其自身调控的作用难以达到预期的目标，容易滋生各种不规范的现象，甚至会使市场经济脱离预期发展轨道。在这样的背景下，在不破坏原有市场发展规则的基础上，从宏观的角度出发进行有效的干预与管理是十分必要的，通过制定相关的制度，对经济风险进行预测与规避，可以为企业创造积极、开放的环境。

宏观经济管理作为调控国民经济发展的重要手段，是促进国民市场经济稳定运行的重要途径。在当今的市场环境中，宏观经济管理对企业产生重大影响，因此成为市场关注的焦点。如果一家企业要在竞争激烈的市场经济中继续发展和成长，就需要加强与宏观经济管理的整合。本节主要分析宏观经济管理的意义，根据中国的实际情况简要解释宏观经济管理的特点，得出宏观经济管理在市场经济中对公司发展起重要作用的结论，并且希望在市场经济中有效地促进我国企业的发展。

进入 21 世纪，我国社会经济发展水平显著提高，国民经济发展步入新常态。在这种情况下，传统宏观经济管理方法已经不能全面满足我国经济发展的新需求，而传统宏观经济管理模式的滞后性也日益凸显。当前我国相关政府职能部门已经从制度方面就现代化市场经济体系建设问题做出指示，并且明确了宏观角度下加强经济管理改革与创新的迫切性和必要性，对国内经济发展状况及经济体系进行全面调节，为国民经济管理工作的高效实施奠定了坚实的理论基础。基于此，本节在进一步明确新时代我国宏观经济管理的目标定位、主体与客体，以及重要现实意义的基础上，详细分析现阶段我国宏观经济管理工作过程中所面临的具体问题，并提出科学有效的应对策略和方法，从更高起点上实现宏观经济管理的改革与创新，进而为我国整体经济实现高质量发展创造良好环境。

随着产业升级转向，各企业的管理模式也面临着一系列的改革。在产业升级转型的过程中，国家为了保证宏观经济的稳定发展，出台了一系列宏观经济政策，以支持各经济主体发展。在国家经济发展的过程中，经济政策能够起作用是极其重要的。基于宏观经济政策的推出和实行，各企业的管理层也在积极地进行自我调整，包括企业财务管理、人力资源管理、生产经营管理等方面。而各企业通过落实经济政策来提升管理效益的同时，也提高了企业经营效益，并为促进国民经济的中高速及高质量发展奠定了扎实的基础。

随着现代社会经济的不断发展，以及信息技术日新月异的提升，经济信息在宏观经济管理的整体运行过程中的重要性和地位也越来越高，由此也引起了不同领域对其重要性的关注。基于上述情况，本节主要针对经济信息在宏观经济管理中的应用及重要作用进行系统分析，以经济信息的重要性为基础来简述经济信息在宏观经济管理中的具体应用。希望本节的浅显研究能够对该领域今后的发展带来一定的影响和帮助。

不断升级的中美贸易摩擦对我国经济造成了较大影响。商业银行将内审工作做好，除了能够降低风险之外，同时还能提升风险抵御能力，增强我国应对中美贸易摩擦的决心及能力。基于此，本节在阐述中美贸易摩擦给银行内审带来影响的基础上，分析宏观经济下银行内审的管理现状，进而对宏观经济下银行内审管理创新策略展开探究，希望能给商业银行提供参考。

国家审计作为国家宏观经济管理与监督的一个重要手段，其提供的审计结果在一定程度上能够反映宏观经济政策的真实执行情况，并能够通过日常监督对经济活动中的不规范行为进行及时制止，同时为经济体制的改革提供意见及参考。发挥好国家审计的作用，方能为我国的经济发展保驾护航。因此，从实际角度出发，简要阐述在宏观经济调控中开展审计工作的重要意义，并探究国家审计在宏观经济管理中的地位和作用，以期在经济发展迅速的社会环境下保证经济管理的有效性。

如今，随着我国市场经济的不断成熟，我国经济发展水平也在逐步提高，国内的各类企业显示出蓬勃的发展势头。然而市场经济有时会出现市场失灵，此时政府会采取一系列的财政政策和货币政策来对市场经济进行调节，从而维护市场的稳定，换句话说也就是宏观经济管理作为国家经济调节的重要手段，在市场经济出现问题的时候，对经济进行一定程度的干预。随着市场经济体制的不断完善，宏观经济管理作为政府经济调节的重要手段，对企业发展过程中的影响及作用越来越不可或缺。

区域经济的发展，必须根据区域内各种资源、环境、人口等要素来科学地制定适合区域经济发展的战略规划，并遵从市场经济运行的规律，积极探索适合区域内、外经济协同发展的思路和有效途径。目前，我国区域间的经济发展存在差异较大，区域间发展不均衡、不充分的问题，区域发展机制还不够完善，难以跟上新时代区域经济协调发展的步伐。基于此，本节通过对政府宏观经济管理视域下的区域经济协调发展的必要性和问题进行了分析，探索区域经济协调发展的路径与策略，即政府作为区域经济发展的引导者，应充分发挥政府职能的作用，运用宏观调控的政策与手段为我国区域经济稳定运行、健康发展保驾护航。

近年来，国家越来越注重预期管理，这为稳定经济增长和推进供给侧结构性改革提供了有利条件。新时期国内外形势复杂严峻，对宏观经济预期管理能力提出了更高要求。结合新时期的特殊性，从经济新常态、供给侧结构性改革、货币政策有效性、房地产宏观调控和国际经济一体化等五个方面探讨当前我国加强宏观经济预期管理的重要性，并针对实践中存在的一些问题提出增强“稳政策才能稳预期”的观念，加强提振信心的预期引导，加强政策宣传和培训，把握适度沟通，加强理论研究等新时期完善我国宏观经济预期管理的政策思路。

随着我国经济发展的不断推进，各领域发展水平也得到了更加稳步的提升，宏观经济的重要性也日渐凸显出来。这对于国家的发展来说有着至关重要的作用，其自身决策的正确与否是由统计数据质量的高低决定的。所以，宏观经济管理的效果与统计数据质量息息相关。

站在微观角度，基于宏观经济视域，商业银行风险管理主要来源于政策因素与政治因素两种，使得商业信贷投放没有全部依据市场评分结果加以判断，在一定程度上加剧了信贷风险。随着国内金融行业的渐渐开放，外资银行率先步入国内市场，使得国内银行的生存及发展压力急速上涨。因此，需要站在宏观经济角度分析商业银行在发展阶段面临的风险问题，制定详细严谨的解决对策并实施处理。基于此，本节针对宏观经济形势探索商业银行存在的风险及加强管理的对策。

随着经济的发展和社会的进步，我国也正在朝着全面迈向小康社会的目标前进。但是，在我国的宏观经济管理中还存在着一些问题，需要采取进一步的改进措施。本节首先分析了目前我国宏观经济管理中的问题，然后针对如何深化宏观经济管理改革提出策略。

随着经济与社会的发展，信息逐渐成为一种重要的资源，信息收集与挖掘能力也成为竞争的重要因素。为了促进经济的发展，需要完善宏观经济的管理，改善各种管理的手段与措施。经济信息在宏观经济管理中充当着重要的角色，有着重要的价值与意义。因此，本节以经济信息在宏观经济管理中的应用为核心，介绍宏观经济与经济信息等相关的概念，阐述宏观经济管理中经济信息应用的重要意义，分析当前经济信息应用存在的不足之处，并提出提高经济信息应用的建议，希望能够为推动经济的发展提供一些思考。

第三节　宏观经济管理的市场环境

宏观经济管控下的市场环境需要有效的市场规则和完善的市场体系等。

一、有效的市场规则

（一）市场规则的含义

市场规则，即市场行为规则。它是规范和约束市场行为向正确、合理、合法的方向运行的准则。也就是说，市场行为规则是约束和指导市场主体从事市场交易活动始终遵循的准则。

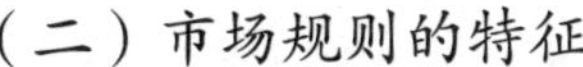

（二）市场规则的特征

1. 规范化的特征

既然市场规则是约束和指导市场主体从事市场交易活动必须遵循的准则，因此它必须具备规范化的特征。所谓规范化，是指按照市场交易普遍通行的原则，以及在发达的市场条件下，采用通常的方式和做法来规范市场主体的交易行为。市场行为规范化，主要包括两个方面的内容：一是必须遵守市场交易规则，凡是进入市场的交易主体都必须遵循这里的规则；二是在市场比较发达的情况下，一些广泛通行的做法，包括国际上惯用的交易形式和方法，也必须采用。

2. 法制化的特征

法制化是指市场的交易活动必须纳入法制轨道。用法律、法规的力量保证市场交易主体合法交易、正当交易。同时，用法律、法规的力量去打击和制裁非法交易者，从而推进经济立法、司法和行政监督与管理。

（三）市场规则应坚持的原则

1. 统一开放的原则

规范化、法制化的市场规则，要求市场必须是统一开放的市场。从目前全球经济市场化的大趋势来看，封闭市场只能带来落后，只有开放市场才能促进竞争。我们必须打破传统的条块分割、地区封锁，冲破部门和地方保护主义，这样才能有利于统一开放市场的形成。

2. 公平交易的原则

市场交易规则应建立在公平交易的基础上，它不应该具有，更不能承认有某种特权存在。如果做到了这一点，公平交易的原则才能确立起来。通常情况下，公平交易应该具有以下三层含义。

（1）市场交易主体进入市场应该公平

不论交易主体的性质如何，是国有的、集体的、三资的，还是私营的、个体的，只要是依法进入市场，主体之间就不能有高低贵贱之分，而是要一视同仁。

（2）交易主体在交易过程中应该公平

无论是买者之间，还是卖者之间，或者是卖者与买者之间都要公平交易。不能依势压人，强买强卖，更不能出现欺诈行为。

（3）交易活动要公开化

交易主体要公开，如厂家公开、产地公开。交易客体也要公开，如产品质量公开、价格公开、出厂日期公开等。

3. 等价交换的原则

等价交换原则是价值规律的客观要求，如果没有等价交换原则，价值规律就无法实现。等价交换不仅体现了价值规律，同时还体现了商品所有者的所有权原则。等价交换就是维护了这一原则。

4. 平等竞争的原则

平等竞争是指市场主体之间在市场环境一样、市场机会均等的条件下展开竞争。竞争的内容包括提高产品质量、降低成本费用、提高技术水平、更新设备、改善管理等方面。谁在这些方面占据了优势，谁就是市场竞争的胜利者，否则就是失败者。平等竞争与不正当竞争是对立的，因此必须反对垄断，反对不正当竞争。这样，平等竞争的原则才能得以顺利实施。

二、完善的市场体系

（一）市场体系的含义

市场体系是市场经济运行的基础。建立社会主义市场经济体制，必须培育和发展市场体系。所谓市场体系，就是由多种单一的市场交叉组成的有机统一体。按流通对象划分，市场体系包含生活消费品市场、生产资料市场、资金市场、技术市场、劳动力市场、信息市场、证券市场、房地产市场等；按交易方式和手段划分，市场体系包括批发市场、零售市场。市场体系是一个不断运动着的庞大体系。它由市场的结构系统、市场的主体框架、市场管理和法规系统所构成。社会主义市场体系具有统一性、开放性、竞争性和有序性四个基本特征。

市场、市场体系和市场经济是一个密不可分的有机整体，建立社会主义市场经济体制离不开市场，市场是新的经济体制的基本要素。然而，只有市场是不够的，有商品交换就有市场，但并没有形成市场经济。因此，市场经济要求必须建立一套完整的市场体系。市场体系是市场经济的基础，也是市场经济的重要组成部分。没有市场体系就谈不上市场经济。同时，市场体系的建立与发育，又将促进市场经济的形成和完善。市场体系越健全，功能发挥越充分，市场经济体制就越成熟。要想通过建立社会主义市场经济体制，发挥市场机制在资源配置中的基础作用，就必须培育和发展市场体系。市场体系是社会主义市场经济运行的基础。

（二）培育和发展市场体系的主要措施

完善的市场体系是社会主义市场经济体制框架的重要支柱。培育和发展功能完备、布局合理、管理强化、法制健全的市场体系，是一个宏大的系统工程，涉及改革的方方面面，需要全社会的共同努力。必须统筹规划，加强领导，配套推进，综合治理。

1. 统一思想

提高对培育市场体系重要性的认识，是加快培育和发展市场体系的重要前提。长期以来，受计划经济的影响，在政府一些部门和部分干部中，“重生产轻流通”“流通不创造大的价值”“流通是中间剥削”等陈腐观念，还在一定范围内存在，从而影响了市场体系中的基础设施建设，束缚了流通产业的发展。因此，必须进一步解放思想，更新观念，坚决纠正市场体系发育过程中的种种错误思想，牢固树立建设大市场、发展大流通、导向大生产的指导思想，引导和动员广大干部群众积极参与。

2. 搞好规划

有了好的规划，就可减少盲目性，增加科学性，避免工作中不必要的失误和浪费。总结前一阶段市场体系建设中的经验和教训，就不难找到在市场体系建设中的症结所在：“管钱的不管市场，管规划的不管钱，管市场的不管规划”“鸡犬之声相闻，老死不相往来”；市场规划建设与投入“两张皮”。

实践证明，要想市场体系建设和发育，就必须由一个有权威的综合职能部门负责市场体系建设的总体设计、规划制定、组织实施、协调服务。没有这样一个部门和好的规划，市场体系建设就不能落在实处。

3. 抓好配套

市场体系建设不能搞“单打一”。单方面推进，往往会事倍功半。只有积极进行综合配套改革，才能促进市场体系建设健康协调发展。

一是深化企业改革。企业改革要根据《公司法》，从转机健制入手，着力进行制度创新，建立现代企业制度，重塑微观基础，以适应市场竞争需要。

二是加快价格形成和调节机制。在保持物价总水平相对稳定的前提下，放开竞争性商品和服务项目的价格，尽量取消生产资料双轨制，加速生产要素价格市场化进程，建立和完善少数关系国计民生的重要商品储备制度，平抑市场价格。

三是加快计划体制改革。经济计划要以市场为基础，总体上应当是指导性计划。要改进计划的结构和方法，使计划的内容和形成适应社会主义市场经济发展的要求。

四是深化金融体制、科技体制、工商税收、劳动人事体制改革，为要素市场的发育创造条件。

第四节　宏观经济管理的手段

一、计划手段

国家经济和社会发展计划的管理是计划经济时期公共行政的主要手段之一，因此它已成为经济管理的基本制度模式。将宏观经济管理模式引入市场经济体制，并建立在间接监管的基础上，但这并不意味着放弃计划本身。政府部门每五年制订一次的五年计划、年度计划仍然是经济管理和宏观经济管理的重要基础。以前的体制和指令的性质已经失去意义，它们的性质和作用已经发生了根本性的变化，现在和将来的“计划”成为宏观经济管理的重要工具之一。

该计划作为宏观经济管理工具的作用表现为以下几点。

首先，综合平衡。广泛的社会生产决定了一个时期在一定的技术条件下，需要根据投入量的比例分配不同的经济资源。经济增长率（或总产出）在一定时期内，必须在实践中相应地确定不同经济资源的一系列供求关系，有助于实现这一增长目标，这一过程是一个综合均衡的过程。在没有综合均衡的过程的情况下，结合经济增长的目标，从方法论的角度来看，这种综合平衡与计划经济中的综合规划密不可分，不同于计划经济的综合平衡以实物平衡为重点，价值平衡以计划价格为基础，市场经济的综合平衡以价值平衡为中心，必须充分考虑价格变化对供求关系的影响。

其次，生产活动的预期作用。计划在市场经济中的作用是对未来社会经济各方面的综合预测，其结果影响宏观经济进程。虽然各项计划的目标和指标不是政策性的，但它们可以为社会各经济主体，特别是企业和金融机构提供宏观经济信息，使其大致符合宏观经济发展的预期。这是计划在市场经济中最重要的作用。

最后，政策指导的计划本身反映了政府在宏观调控和体制改革方面的战略目标和重要政策举措。在一定时期内，为规范经济主体的经济活动提供了政策依据。

总体而言，市场经济条件下的计划作为宏观经济管理的一种手段，主要是一种综合性、均衡性的宏观经济导向，虽然不符合计划经济时期，但这是必要的，也是不可替代的。

二、经济手段

宏观经济管理的经济手段是政府能够影响其经济行为的工具之一，利用它们控制市场参数或经济资源，通过调整其他经济主体的经济利益实现宏观经济管理的具体目标。经济手段不是直接指示经济实体的行为，也不是通过诱使经济利益、收益或利益间接影响其经济行为，而是基于经济利益的间接刺激手段。

经济工具被定义为属于价值类别的市场参数，如价格、工资、利率、税收，这些市场参数无疑是经济工具中最重要的组成部分。然而，经济手段并不等同于“经济杠杆”，经济手段也有其他要素。

可以由政府控制的市场参数实际上是宏观经济政策工具的一部分，从这个意义上说，经济工具首先应该是宏观经济政策的工具，特别是财政政策、货币政策、收入分配政策等。

政府直接拥有的经济资源，或市场上正在形成的需求，包括国家储备、各种监管基金。国家储备是重要商品和外汇的强制性直接订单、库存和转移，是由严重的自然灾害、外部支付、供求关系的管理，以及战争威胁所产生的。存货包括主要用于灾后恢复生产和生活的存货，以及维持设施及应付紧急需要；其中还包括对关键商品生产环节的紧急监管需求，或为纠正供需失衡而进行的监管储备。储备包括国家预算的储备、国家有关部门设立的各种补偿基金。例如价格管制基金、食品管制基金等。一般而言，大量政府资产亦是直接参与资源分配的重要经济工具（包括资源密集型政府资产）。但国有资产的管理和管制不仅仅涉及宏观经济调控，还涉及所有权结构、国有资产管理改革、资产管理方法改革等问题。政府可以直接控制经济资源，也可以间接控制经济资源。在市场体系还不发达、市场机制还不健全的情况下，完善财政体系是弥补可能出现的“真空”和消除市场监管暂时滞后的不可或缺的工具。即使在市场更加成熟的情况下，在经济体系中，国家保留一定数量的物资、货币、外汇储备，也是必要的经济手段。

金融责任制也是一种重要的经济手段。政府与经营和生产资产的企业承担经济责任，从经济上与商业经营者签订合同，以提高资产的保险价值、盈利能力和生产损失等经济指标的效益，这些是政府管理的经济工具，目的是规范国家或国家控股公司的生产活动。在过去，经济责任被用作一种普遍适用的手段，只有在没有确立企业市场支配地位的历史条件下，才能发挥其效力。实践表明，这是暂时的在市场机制不断完善的情况下才能实现的。很明显，经济责任不再是一种普遍的经济责任。然而，对于受托管理国有资产的企业，经济责任仍然是一个可行的经济工具。

此外，在利用市场参数作为调节经济活动的经济手段时，还应注意与市场机制的协调问题。在市场机制较为完善的情况下，商品、工资、利率、汇率等生产要素的价格指标由市场决定，而不是由政府直接控制，政府只能直接控制按税率计算的外汇储备的一部分（税收等），因此政府在涉及价格、工资和利率时，对汇率的直接干预往往会破坏监管。政府只能间接地影响这些市场参数，这主要是为了控制和消除竞争中的不平等，包括垄断、欺诈、盗窃等。

三、法律手段

宏观经济管理的法律手段是指政府可以通过经济立法和基于公共政策的经济司法来实现宏观经济管理的目标。现代市场经济是一种合法的经济，这不仅体现在微观经济活动的产权保护、市场行为的规范及维持市场秩序上，还体现在宏观经济的运行和管理中。作为一种调节工具，经济立法可以解释为规范经济有约束力的文书，使经济规范和相对稳定。同时，经济规范具有普遍性，其本身并不反映宏观经济调控的目的，而是间接地体现。

宏观经济管理的法律体系可以分为内容、部门、形式和效率。

法例内容的划分包括：《基本法》，包括政府的行为准则、规管的任务和原则、规管的程序，以及关于权利、义务和法律责任的规定；监管手段法，包括关于预算、税收、货币、信贷、规划、投资、价格、利率、汇率等的法律；宏观调控监督法，主要包括监督、预测、预警等法律规范，如统计法、审计法、《信息法》、《经济管制法》等。按部门细分，包括预算、税收、银行、保险、计划、投资、行业（如工业、农业、贸易）和外贸法。按法律形式划分，包括《综合法》（《宏观管理基本法》）和单独的法律——全国人民代表大会及其常务委员会通过的法律；国务院制定颁布的各项行政法规；各政府部门为实施中央法律法规而制定的实施手段和细则；地方人民代表大会及其常务委员会制定的各种地方性法律、法规等；地方政府通过的各种法规、法律、方法等。

四、行政手段和信息宣传手段

基于政府权力、行政隶属关系的宏观经济管理的行政手段、行政组织制度和行政责任制度，通过行政命令实现宏观经济管理的目标。由上级行政机关发给下级行政机关、境内经济组织及其管辖行业，或者通过行政许可、许可证发放和配额制度，直接要求实现政府的宏观经济管理政策目标。

行政手段是计划经济时期实施国家计划和政策的主要手段之一。在市场经济条件下，行政手段工具仍然是重要领域中必不可少的重要工具，有关国家的公共福利或宏观经济的正常运作。当经济运作出现严重问题时，虽然对政府来说，使用行政手段具有自然的优势，而且往往产生迅速的结果，但是由于行政手段本身的性质，在不受任何限制的情况下使用这些手段很容易破坏经济内部的联系，因此在市场经济条件下，行政手段的运用必须严格控制监管对象和监管程度。在制度转型时期，行政手段在宏观经济管理中的应用与改善市场机制，在其他工具没有坚实的基础来运作的情况下，以行政手段取代经济手段是必然的。同时，应注意创造条件，逐步减小规模和降低频率，在不影响企业未来市场机制和市场经营机制发展的情况下使用行政手段。

除了纵向作用外，由于行政权力的相互依存性质，行政手段也对一级行政产生影响，也就是说，鉴于宏观经济管理领域的行政结构众多，政策措施往往涉及不同部门的业务能力，需要相关部门之间的协调与配合，才能实现计划的综合平衡。协调是防止政治多元化的必要程序，这可能导致高层管理者之间的政治矛盾，更一般地说，这是一个横向的行政工具。

在任何情况下，信息和宣传都是相互关联且非常重要的。正式公布国民经济运行统计、工业发展预测和状况信息，通过行政系统或媒体，传播有关政府宏观调控政策的信息，影响他们的经济行为，能够使他们更有意识地将其经济行动与政府的监管意图联系起来，并使他们的利益同国家利益与经济和社会相协调。

五、各种手段综合运用

目前，宏观经济管理工具分为计划工具、经济工具、法律工具、行政工具和宣传工具，需要将其紧密地交织在一起，并结合在宏观经济管理的实践中。

首先，资金分割只是一个抽象的结果，在实际情况下往往很难分开。例如，税收主要是一种经济手段，但有税收法律，因此税收同时也是一种法律手段；财政收支本身就是经济工具，但是其预算由各级财政管理机关编制，经人民代表大会审查批准后，应当批准生效同一级别的代表，因此它也是行政和法律文书；浮动价格既是一种经济手段，也是一种行政手段。因此，一些工具本身是复杂的。

其次，不同的工具在不同程度上以不同的方式运作。例如自我管理、经济、行政和法律限制。为了实现宏观经济管理的具体目标，不同程度的限制手段可能会产生不同程度的影响，以及当较不具约束力的文书达到预期效果时，没有必要使用更具约束力的工具。如果不太具约束力的工具没有达到预期效果，应考虑采用更具约束力的工具。如能在同一时间内取得类似的成果，应该比较各种可行工具的社会成本。

最后，重要的管理政策措施的形成和实施，作为一个整体，是一个综合运用各种工具的过程。可以推测，在宏观经济政策的制定和实施过程中，行政当局必须以某些法律规定（例如《中央银行法》）为基础，在不同部门（例如中央银行、财政部、国家统计委员会、国家经济委员会等）进行协商和协调。

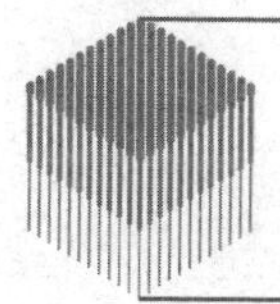

第六章　宏观经济政策

第一节　我国宏观经济政策的演进与创新

改革开放推动了我国现代化建设的步伐。伴随着四十余年改革开放的进程，党和国家始终秉持和贯彻两条基本经济路线：一条路线是经济体制改革，也就是在改革开放的背景下，建立一种可以实现资源高效利用，且对当前经济起推动作用的体制机制；另一条路线是基于当前的国情，探索现代化发展之路，也即找到一种适合我国特殊国情的经济发展模式。

经过多年的不懈摸索，我国的经济政策不断地发展和完善，对于宏观经济的调控和管理能力与日俱增，形成和完善了具有中国特色的宏观经济管理体系。

一、1978—1996 年：遏制通货膨胀和抑制经济过热

改革开放初期，我国经济状态逐渐复苏。在之后的二十年间，宏观经济总量失衡主要表现为需求膨胀、供给不足。究其原因，主要体现在以下两个方面：第一个方面体现在经济体制的层面，1978—1996 年的经济体制以传统的计划经济为主，具有明显的短缺经济特征，即预算软、约束较为严重，经济效率较为低下，这一特征也给国民经济造成了一定程度的影响；第二个方面体现在经济发展的层面，虽然在改革开放之后，经济得到很快恢复，但整体水平仍较低。在此期间，宏观经济具有以经济过热和通货膨胀为主的失衡的表现，与此同时，社会各领域都有加快发展的欲望和促进投资的冲动。1978—1996 年，形成了三次严重的通货膨胀，消费者物价指数（consumer price index, CPI）于 1985 年、1988 年、1994 年分别上涨了 9.3%、18.0%、24.0%，基于这三次通货膨胀的宏观调控手段以财政政策和货币政策为主，旨在遏制通货膨胀和抑制经济过热。

以下以 1991 年发生的通货膨胀为例进行具体分析。自 1991 年年底，我国经济发展有了明显的起色。次年年初，邓小平在视察南方谈话时，明确提

出市场经济并非资本主义国家的专利，对社会主义同样适用。这一观点打破了人们的思想禁锢，使人们的思想得以挣脱和解放。同年 10 月，中国共产党第十四次全国代表大会确立了我国的经济体制改革目标为社会主义市场经济体制，并掀起了经济体制改革的浪潮。在此历史背景下，国民生产总值由 1991 年的 9.1%，迅速上升到 1992 年的 14.2%，而国内固定资产投资额也由 23.0% 上升到 44.4%，与此同时，工业生产总值也得到明显提升。

1993 年上半年，国内经济状况也表现为投资与消费需求同步扩大，且增幅较大，增速较快。以下几组数字可以很好地表明这一点：社会销售品零售额同比增长 21.6%，国有企业固定投资同比增长 70.7%，全国固定资产投资同比增长 61%。投资和消费双双“膨胀”，致使国内发行货币的总量大于国内经济值总量，加大了通货膨胀的压力。同年，生产资料价格同比上涨超过 40%，35 个大中城市 CPI 上升 17.4%。面对经济发展中所出现的这种状况，为了使经济发展维稳，避免通货膨胀带来经济下行的恶劣后果，其年 6 月 24 日，中共中央、国务院下发《关于当前经济情况和加强宏观调控的意见》，明确了稳定经济的措施。这些旨在加强和改善宏观经济调控政策的措施，发挥了极大的作用，使经济发展中的矛盾不至继续恶化的境地。同年 11 月，《中共中央关于建立社会主义市场经济体制若干问题的决定》中将我国经济宏观调控的基本框架进一步明确，即社会主义市场经济体制。为维护社会主义市场经济局势，完成经济体制改革的任务，此次改革涉及财政税收、金融投资等多个领域，以及调控杠杆，如利率、税率、汇率等的调节作用。至此，国内的“短缺”时代正式宣告终结，制约和阻碍经济发展的关键环节基本打通，国内市场逐渐开始由卖方市场向买方市场过渡转变。

1996 年，经济发展有了新的突破，基本实现“软着陆”，实现了 GDP 9.7% 的稳步增长。这一时期最明显的成就是通货膨胀得到有效控制，经济实力有显著提升，国家外汇储备水平有了一定程度的改善。1995 年的 CPI 为 17.1%，但在 1996 年，CPI 已经下调至 8.3%，1997 年的 CPI 更是回落至 2.8%；外汇市场的汇率基本稳定，为 1∶8.7；1996 年年底，我国实现了人民币经常项目可兑换。

二、1997—2012 年：有效扩大内需以应对外部冲击

1997—2012 年，宏观经济失衡的局面在这一时期得到有效控制，宏观经济呈现新的特点。纵观这一时期的经济状况，除 2003—2007 年，宏观经济整体的失衡方向与 1978—1996 年的经济失衡方向基本相反，同时具有需求疲软、供给过剩等特点。出现这一经济走向的原因可从以下几个方面分析。

伴随经济的快速发展而来的是产能的迅猛扩张，然而新的经济体制改革深化、强化了市场约束，从市场需求的视角来看，产能的迅猛增长造成了产能过剩的局面。与此同时，1997 年的亚洲金融危机和 2008 年的全球金融危机连续给我国经济造成了不同程度的冲击。在国际和国内金融环境较为颓萎的大背景下，国内也开始出现有效需求不足的经济矛盾。这对经济发展造成了一定的影响，导致经济增速明显放缓，具体表现为经济增速由 1997 年的 9.2% 回落到 1999 年的 7.7%，从 2007 年的 14.2% 回落到 2009 年的 9.4%。应对外部不利因素对我国经济发展的冲击，缓解国内有效需求不足的压力，进而保证经济增长的持续与稳定，同时实现就业目标，成为这一阶段我国宏观经济调控的重要命题和必须实现的关键内容。因此，宏观经济政策也由一贯坚持的紧缩性向扩张性转变。

（一）1997—2002 年：应对亚洲金融危机

1997 年 7 月 2 日，泰铢危机如同地震的冲击波迅速扩散至整个东南亚地区，随即，韩国、日本和中国也受其影响，最终形成了亚洲范围内的金融危机。此次金融危机给亚洲大部分国家的经济以沉重的打击，各国均采取相应手段以应对金融危机。

针对此次金融危机，中国香港率先采取应对之策。作为小规模的开放经济体，香港缺少足够的外汇储备，也缺乏避免货币动荡的市场能力，同时，受联系汇率制的影响，亚洲金融危机对香港的打击较我国内地更为严重。但是，基于香港高度发展的股票和期货市场，香港金融管理局果断地干预股票和期货市场，避免投机者抛空介入的港元，打破股票市场、货币和利率的恶性循环。此外，香港加强货币和金融制度，修改货币发行局制度，避免经济

受人操控。

面对此次金融危机，内地也迅速做出调整。首先，采取“抓大放小”的企业管理手段。国家只重点管控千家企业，允许小型国有企业和零售企业私营，不仅培养了大型国有企业的实力，也提高了经济体系的整体效率。其次，改革激励机制并鼓励企业上市。这种调控手段使国内企业逐渐以国际准则要求自身，使国内经济制度逐渐完善。再次，开放贸易和促进投资。这使我国拥有了更广阔的市场，大量的资本流入既辅助我国摆脱了经济危机的桎梏，还为我国拓展了国际供应链。最后，我国抓紧民生基础建设，尤其是在交通运输方面，保证了固定资产的稳定投资。亚洲金融危机让中国认识到经济体系中的金融机构、市场和基础设施三个方面存在弱点。针对这三个弱点提出的改革措施使我国宏观经济调控更加有效。不仅如此，我国还为加入世界贸易组织而不懈努力，积极推动入世谈判，最终我国在 2001 年正式成为世界贸易组织成员。加入世界贸易组织的成功，带动了我国外贸出口的快速增长，也扭转了经济下滑的态势。

亚洲金融危机促使我国经济体制更加完善，经济制度重新调整，在全球制造的供应链中脱颖而出，成为我国跃进的机遇。1998 年，中国经济增长 7.8%，人民币持续稳定。妥善地应对亚洲金融危机，为之后的税制改革、金融结构调整和国有企业与金融系统重组打下了坚实的基础。

（二）2003—2007 年：经济扩张期

2003 年，我国的宏观经济政策依然积极。持续发行国债，推进各项税制改革，规范财政支出制度，调整和完善我国的分配制度，建设基础社会保障设施的步调加快。与此同时，宏观经济政策更加注重产业结构调整，更为关键的是，重心由整体经济发展向区域经济发展带动整体经济发展转变。特别提出“收支两条线”结构改革，即针对行政事业性收费、罚款部门采取收入和支出双线管理，针对收入，按照国家制定的法律、法规和政策收取成本补偿和罚没收入。这项政策实现了企业现金的集中管理，提高了资金的周转效率。

2004年，在延续和落实2003年提出的资金政策的同时，针对当时汽车、房地产和钢铁行业存在的问题，采取了积极的调控手段。同年7月，东北三省开展增值税制改革试验。此项改革允许企业抵扣购入设备所含的增值税，并将小规模纳税人所要缴纳的增值税税率下调。此后几年，以东北为转型起点的增值税改革全面推进，我国宏观经济调控体系日臻完善。也是从此时开始，我国开始注重农村建设，加大科教文化方面的投资，考虑节约建设，不再以牺牲环境为代价发展经济。

2005—2006年，为调整城乡经济结构，我国全面取消农业税。取消农业税意味着减轻了农民的税收负担，从根本上改革地方财政结构，缩小城乡经济差距。城乡经济差距缩小是我国宏观经济结构彻底改变的开端。

2007年，基于我国是一个农业大国的基本国情，我国提出将经济改革的中心转向农村，并提出新农村建设的历史任务。其年，中共中央、国务院出台了一系列文件指导“三农”工作，提出调控农村经济的财政政策、激励政策和财政保证政策。这些手段向着补齐我国经济短板的目标出发，为经济高水平的繁荣打下良好基础。

（三）2008—2012年：应对全球金融危机

从2007年美国次贷危机发展而来的2008年全球金融危机堪称史上最严重的金融危机。全球范围内的抵押贷款机构率先崩溃，信贷的紧缩使得难以计数的银行破产，经济金融市场全面僵化。大规模的经济衰退毫不意外地导致了失业危机。2008年全球金融危机如同一场雪崩，以前所未有的速度和力度席卷了整个金融市场。而2008年5月，四川发生严重地震灾害，灾后重建工作也成为经济焦点。

面临外部冲击与内部变化的双重环境，我国经济增速受到很大程度的影响，但并未出现其他国家那样的抛售行为，而是理智地减持政府资助企业的债券。在危机爆发之前，一系列宏观经济调控措施已经使我国拥有了相当规模的经济，尤其是在2000年以后，我国经济增长的主要助推力是国内的投资浪潮，因此不必过度依赖出口。为应对全球金融危机，政府收紧财政政策，国务院召开会议并批准4万亿元支出计划。一系列方针计划相继出台，从货币和财政两方面刺激经济。

我国更加重视基础设施等固定资产的建设。首先是医疗改革，将一定资金投入医疗卫生建设，强调医疗保障扩大项目与经济刺激计划密切联系在一起。其次是高速路网建设，优先发展公路建设，宏大的高速路网建设计划带来的经济规模让中国涌现出铁路和高架桥方面的技术人才，也使中国铁路开凿技术和高架桥建设技术领先世界。

此阶段，我国提出扩大内需的方针，逐步从重工业经济转型。2008年12月，为响应国家的方针，中国政府向农村家庭提供补贴。扩大内需的大规模经济刺激计划自上而下，以前所未有的规模实行。

这些调控手段使中国经济下滑的局势得到很好的控制，并且在发展中也取得了一定的成就。

三、2013年至今：经济发展新常态和供给侧结构性改革

在这一阶段，“新常态”正式成为我国经济发展的代名词，我国宏观经济的失衡表现为结构性失衡逐渐取代总量性失衡。宏观政策重新进入积极的财政政策和稳健的货币政策相结合的局面。在经历了全面金融危机之后，这一阶段的宏观政策的首要任务在于稳定市场预期，恢复市场信心。但这并非最终目的，宏观经济政策更重要的任务是推进供给侧结构性改革，优化存量资源配置，并促使经济持续地、稳定地发展。

（一）经济发展新常态

改革开放为我国经济注入新的活力，我国经济从较为落后的状态改换面貌，跻身世界十大经济体。这也意味着我国经济增长正式进入新常态。如同哲学上的“否定之否定”理论，新常态并非一种经济高速增长转变为经济中高速增长的落后状态，而是为了经济发展增幅更大、增速更快而出现的蓄力契机。新常态阶段强调宏观调控管理要顺应和引领新常态的发展趋势，调控消费升级和产业升级，为此需要加快结构调整和动力转换。

新常态阶段将着眼点置于经济发展的质量，而将经济增长的速度置于质量之后。同时，政府将经济权力下放，使企业拥有更大的自主发挥的空间，经济市场有更为活跃的发展维度。在此基础上，政府的身份逐渐向服务者靠拢，对市场的具体的干预性投入行为适度减少，与此同时，政府从宏观层面关注生态环境建设、民生服务工程等，为经济发展营造较为适宜的制度环境。在经济发展新常态阶段，经济发展的内生动力不再是既有的环境资源和重工业，而是摒弃粗放型增长方式，重点依赖创新和技术，在保证农产品供给和我国的粮食安全的基础上，推动全国范围的农业现代化。同时，重视服务业发展结构优化，使其与产业结构优化齐头并进，推进高技术含量、高文化含量的产业结构构建，使电商、物流、养老等体系成熟。在保证经济市场稳定繁荣的基础上，推行城市化和城乡一体化，调整过剩产能，对接优势产能。虽然此阶段我国经济环境较好，但是受供需关系的约束，我国经济增长的动力发挥仍然不够理想。

（二）供给侧结构性改革

进入经济新常态后，我国经济在不同方面都发生了很大的变化，体现在经济增长速度、经济结构、增长动力等，为了更好地适应这些经济变化，我国创见性地提出了深化改革的方针。2013 年 11 月召开的中国共产党十八届三中全会具有里程碑式的意义，这次会议是在我国经济改革进入关键期及攻坚阶段这一特殊时期召开的，具有极其重要的意义。会议通过的《中共中央关于全面深化改革若干重大问题的决定》强调“使市场在资源配置中起决定性作用和更好发挥政府作用”。这一观点使我国的市场经济规律更加明晰，是我国供给侧结构性改革的理论基础和改革出发点。

供给侧宏观调控依靠的是供给侧结构性改革。“供给侧结构性改革”这一词语是习近平总书记在中央财经领导小组第十一次会议上首次提出的，是新时代构建现代化经济体系的重要手段，也是宏观经济调控的重要实施路径。2016 年，在理性分析我国产业结构现状和经济发展脉络的基础上，我国正式开始探讨供给侧结构性改革的方案，此后，我国宏观经济调控逐渐以供给侧结构性改革为主线，并不断深化供给侧结构性改革，以此调控宏观经济结构。不同于需求侧宏观调控，供给侧宏观经济调控重点针对经济结构和经济体制。

此阶段，我国采取的供给侧结构性改革以解放和发展生产力为着力点，从供给结构方面出发，意图减轻或消除低端的、无效的供给，以此刺激新的需求，提高全社会的生产力水平。供给侧结构性改革的核心是政府或经济等相关部门通过制定规划或方案，使包括企业需要缴纳的社会保障费、税费等在内的制度性交易成本有所下降。供给侧结构性改革的任务为“三去一补一降”，即去产能、去杠杆、去库存、补短板、降成本。而供给侧结构性改革基本从财政政策、投资政策、货币政策和产业政策四个方面着手。后文将对这四点展开分析。经济进入新常态以来，刺激需求的经济发展模式已经不再适用，因此发挥人力资源优势，集约利用土地资源成为重中之重，这些也都是供给侧结构性改革的任务。

我国供给侧结构性改革取得了显著成效，供需关系得到了有效改善，经济发展趋于稳定。首先，我国加大对高精尖技术的投资，着重培养掌握高精尖技术的人才，解决技术来源问题的同时，巧妙地避免产能过剩成为大规模的危机。其次，以降低税收和各类制造成本为背景，我国制造业在供给侧结构性改革的进程中以良好的姿态向前发展。供给侧结构调整也加速了产业结构的转变和完善，使我国三大产业发生了很大的变化。再次，供给侧结构性改革降低了民营企业的借贷成本，在稳固了我国公有制为基础、多种所有制共同发展的结构的同时，为市场注入了较强的经济活力，解决了市场长期存在的融资困难、资金短缺的问题。最后，解决劳动力短缺的问题，完善了养老制度和服务行业体系。2015 年，服务业增加值的比例首次突破 50%，达到 50.2%，2017 年，在此基础上又增加了 1.4 个百分点。可以说，供给侧结构性改革是正确的宏观经济调控手段，为我国经济今后能够高质量与高速发展打下坚实基础。

第二节　宏观经济政策的内涵和外延

一、宏观经济政策含义

任何一个国家在发展经济的过程中，都离不开对经济的管控，都需要通过一定的宏观经济政策来调节经济的运行。无论是发展中国家，还是发达国家，不同时期经济政策的调整都无一例外地成为政府工作的一项重要内容。因此，宏观经济政策是经济学研究的一个重要方面。

宏观经济政策在经济学中发挥着重要作用。所谓宏观经济政策，简单来说就是国家或政府为增进社会经济福利，通过一定的手段对宏观经济变量产生影响，以达到一定的政策目标而制定的指导原则与措施。

二、宏观经济政策的内涵和外延

宏观经济政策是一个国家或地区，针对特定的经济状态，为实现国民经济发展目标而采取的经济指导方针和行为准则的总称。本书所探讨的宏观经济政策主要是基于我国特殊国情的经济政策，因此对我国宏观经济政策进行性质的界定是尤为必要的。

社会主义国家性质决定了我国的宏观经济政策具有社会主义性质。我国的宏观经济政策是中国共产党领导的国家政府，以发展社会主义经济为目标，为全面实现社会综合发展的任务，制定并付诸经济活动的各项指导方针、行为准则、规章制度及各种行政性措施的总称。也可以将其称为中国的宏观经济政策体系，构成该体系的主要有六个要素。

一是政策主体，宏观经济政策的政策主体即经济政策的制定者。在我国，中国共产党为执政党，因而党中央和国家机关（国务院）都具有宏观经济政策的制定权。从具体职能来看，二者在具体实施中有着细微差别：党中央一般负责对经济政策中大的方针及基本准则的制定，而国务院主要负责对经济政策的细化，以及制定具体的政策细则。

二是政策客体。政策客体主要是指被责成对宏观经济政策的贯彻执行负有职责的组织及个人，有广义和狭义之分：狭义的政策客体是指对经济政策贯彻承担直接职责的组织及领导者，如各种经济实体、各级行政主管部门，以及各级领导人员等；广义的政策客体包括经济政策贯彻中所涉及的一切社会组织和个人。由此可以看出，政策客体并非某一特定组织及个人，而是一个群体概念，可以包含多层次组织机构、多方面领导者及个人，是由这些不同团体合成的政策执行群体。

由于经济政策客体是在主体的约束下，承担主体责令要求完成的任务和采取一定工作措施的职责，体现了党内及国家机关相互联系的关系，旨在协助当地组织原则和国家权力。因此，宏观经济政策客体及其职责的确立，是经济政策强制性特征的体现。

三是政策目标。任何政策的制定，都离不开一定的目的或预期。在我国，宏观经济政策的预期目标主要体现在两个方面，分别为协调经济关系及促进经济发展。作为一项经济政策，目标的制定是前提，因此在制定经济政策时，必须首先确保政策目标规范的准确性。

四是政策成因。政策成因即政策产生的原因，也可以说是政策制定的历史背景及客观依据。经济政策的制定和出笼，一方面离不开充实的理论依据，另一方面必须符合客观发展需要。基于我国当前的社会现状，宏观经济政策的制定必须立足于社会主义实际需要，这是我国宏观经济政策的实践性要求。

五是政策手段。政策手段是经济政策主客体联系、政策成因向目标过渡的中介，是必备的政策实现条件。主要体现在政策工具和运用工具两个方面。经济政策工具主要是指那些表现或调节价值形式的经济变量，如价格、工资、利息、地租、利率、税率、汇率、投资等；对表现和调节价值形式具有影响作用的各项经济制度，如财政预算制度、税收制度、金融制度、审计制度、会计制度、统计制度、社会保障制度等；表现和保障经济正常运行的经济法规等。这些内容的变换都会在一定程度上引起社会利益关系格局的改变，所以经济政策主体常常顺应经济发展的客观规律，通过政策工具的运用，因势利导地促使政策目标的实现。

六是政策时限。经济政策是在特定时期、特定条件下形成的，因此具有很强的时效性，不仅如此，其他个别政策还具有区域性特征。从整体来看，不同时期的经济政策会有所不同，而对于某一具体经济政策而言，时限即是政策发挥作用的有效时间限制。通常，按照政策发挥作用的起、止时间分为上限和下限，但由于政策的运行是一个动态的过程，伴随着运行机制的不断更替，旧的果实失效的政策不断被新的政策取代。从这个角度来看，这是经济发展的政策现象，而所谓政策不变是不准确的。当然，政策的变动并非随意的，其前提是要保持政策的持续稳定。

宏观经济政策的外延规定，主要是针对政策本质属性的对象范围。宏观经济政策的外延也有广义和狭义之分：从狭义上来看，它是党和国家依据规范的政策制定程序产生的具有完整政策文书的各类文件；从广义上来看，它是指经济政策以拥有中国特色社会主义经济政策的内涵为主要依据，以符合社会主义市场经济为大前提，即使在文书规范上不具有作为经济政策的要求，同样可以起政策的作用。广义的经济政策有以下几种形式。

①由党代会、党中央工作会议、政治局会议、人大常委会和国务院工作会议等产生的报告和决议，以及决定中涉及经济问题的方针、原则、对策等。

②党和国家领导人代表党和国家对经济问题发表的报告、讲话、指示、文章等。

③由全国人民代表大会或人大常委会制定和批准制定的关于某些经济问题的经济法规。

④由民间发起或创造，但在实践中形成一定影响，之后经党或政府认定、支持、倡导的经济措施和经济工作方法。

⑤下级党政组织请示上级党政组织，或各级群众团体组织请示同级党政组织而获批准的处理某些经济政策问题的措施和方案。

⑥在特殊情况或历史背景条件下，以党报、党刊名义发表的党和政府在某一时期有关经济工作决策和方向，并在实践中有直接或间接影响力、号召力的重要社论或文章、文件、草案等。

需要指出的是，经济政策的外延虽然很广，但也并非毫无边际，实际上它也是受一定条件限制的，包括党中央和国家的管理机构所颁布的政策法令、文件草案、决议决定等，而地方党组织和政府机构制定的有关政策，主要是为了贯彻中央和国家的政策，实质上是宏观经济政策的延伸。

三、宏观经济政策目标

宏观经济政策目标是指通过制订科学合理的经济计划，实施各项经济政策和措施，达到市场资源的优化配置，有效弥补完全依靠市场配置资源的不足。

（一）促进经济增长

社会发展的基础在于经济的增长。从国家战略层面来看，国家战略目标的实现离不开持续增长的经济的支撑，经济的快速增长是实现国家长远战略目标的首要条件；从社会层面来看，经济增长也是人民生活水平提高的保障。因此，促进经济增长被视为国家宏观经济调控的重要目标。经济增长目标是在社会供需关系的调节中实现的。为此，要实现经济的有效增长，离不开政府对社会总的供需关系的调节，促使其达到平衡。

（二）稳定物价

在市场经济中，价格也是宏观经济调控的一种形式，通过价格的波动来发挥价格的调节作用。价格的波动应该控制在一定的范围内，如果其超出了一定的范围，就势必会对经济社会造成负面影响。也就是说，如果价格大幅度上升，引发通货膨胀，就会刺激盲目投资，造成大规模的重复建设，从而导致资源的浪费。而如果价格跌落到一定幅度，极易造成通货紧缩，投资也会因此受到抑制，造成生产能力的不足，引起社会失业率的增加。

在社会主义市场经济条件下，市场起主导作用，决定了大部分商品及服务的价格。但即便如此，政府也能够运用货币等经济手段来影响价格，对价格进行适时的调节。甚至在必要时，还能够辅以行政手段，如制止乱涨价、打击价格欺诈等，通过一系列强制性手段达到对价格调控的目的，实现价格的基本稳定。

（三）保持国际收支平衡

保持国际收支平衡，也是国家宏观经济政策的目标之一。所谓国际收支平衡，是指一国国际收支净额，即净出口与净资本流出的差额为零。当国际收入等于国际支出时，称为国际收支平衡，否则即为不平衡。某个国家的收支状况主要取决于该国进出口贸易和资本流入与流出状况。作为宏观经济政策的实施者，政府需要根据不同的收支环境采取适当的经济调控政策，以弥补市场对国际收支平衡调节力度的不足。

（四）增加就业

就业问题一直都是关乎国计民生的一项大事。解决基本的就业问题是改善人民生活，实现社会稳定的根本。因此，促进就业是国家和政府工作的重要内容。增加就业的关键主要取决于两个方面，分别为经济增长速度及其增长弹性。因此，要实现就业的增加，有以下两个途径：一是促进经济持续快速增长，二是从经济增长弹性上增加就业弹性。两种途径中，促进经济的快速增长是基础。为了提高就业弹性，需要加快产业结构调整的步伐，大力发展劳动密集型产业及第三产业、中小企业和非公有制企业，不断推进城镇化建设。

四、宏观经济政策的内容

国家宏观经济政策的主要内容可以分为产业政策、产业组织政策、国民收入分配政策、货币政策，以及财政政策。以下分别从这五方面内容进行分析。

（一）产业政策

1. 产业政策的特点

在传统的计划经济体制中，产业政策也被包含其中。与现代市场经济体制不同的是，那时的产业政策是国家计划的一部分。在国家的计划调节由直接控制方式转向间接控制方式后，产业政策具有衔接宏观层面的生产结构和微观层面的生产结构的基本功能，也就是说通过产业政策将市场调节与计划调节互相衔接。从这一角度来看，产业政策调节产业发展同过去指令性计划调节产业发展有严格的区别。

产业政策作为宏观经济的重要调节政策，同其他宏观经济政策相比，有着其自身的特点及作用，具体如下。

（1）更深刻地干预社会再生产过程

我国其他形式的宏观经济政策，如货币政策、分配政策、财政政策等，主要是通过分配过程来调控宏观经济运行，而产业政策与之不同，主要是通过干预产业部门之间及部门内资源的优化配置，也就是说，通过干预生产过程来调节经济运行。将二者进行比较，不难发现产业政策调节供给量及其结构的途径为以政策手段干预产业发展，以使其组织形式和产业结构发生改变，最终实现生产环节发生改变，从而调控供给量和结构。

（2）更着重于调节供给

当社会供需出现不平衡时，国家可通过两种途径来维持供需的平衡，一种途径是调整需求结构和需求总量，另一种途径是调整供给结构和供给总量。产业政策调控供给与需求的平衡主要通过调节产业活动实现，也就是说，从供给的源头或基础进行把控，从根本上实现供需平衡。在经济学中，一般都会把产业政策视为对供给与需求双重调节的政策，但更主要的是，调节供给虽然也视其他经济调控形式为对供给与需求双重调节的政策，但其更侧重于调节需求，而最终都是为实现供需结构和总量的平衡。

（3）更长的调节时间

产业政策的调节拥有更长的时间跨度，从另一角度来看，产业政策在更广阔的时间维度发挥作用。产业政策这一特点的原因在于其调控手段的特殊性，产业政策的目的是调整改善产业的组织形式和结构，实现这一目的则是通过优化资源分配和资源使用方式，完善供给结构和提升供给能力，这种调控的实现绝非可以一蹴而就。也就是说，一旦形成的产业或者产业结构具有刚性，只有通过长期的努力，才能使之改变。

（4）对经济的调节更具体和细致

产业政策以个量调节为基础对经济进行把控，而其他宏观调控形式则采取的是总量调节。也就是说，依据国民经济发展的趋势，产业政策对不同的产业和不同产业内部的不同企业，从不同的角度、以不同的手段、采取不同的强度，以及使用不同的方法调节经济。这也就意味着，调控更有针对性，使不同的产业组织及结构更符合需求。因而，其调节作用也就更具体和细致。

2. 产业政策的内容

产业政策就其内容而言，可分为产业结构政策和产业组织政策。

（1）产业结构政策

在计划经济中，产业结构政策是以计划的导向为依托的，计划导向下的产业结构政策是多层次的。具体可从以下几个层面来分析。

一是主导产业。在产业结构政策下，对主导产业要进行扶植。在经济发展中，构成产业结构的各部门是各不相同的，其地位也存在差异性，不同的发展阶段中，都会有一个主导产业发挥着领头羊的作用，并带动整个产业结构向着更高的层次发展。在以计划为主导的经济中，市场固然对产业结构有着一定程度的影响，具备筛选主导产业的功能，但从整体来看，主导产业并不是自发形成的，而是自觉性的行为，需要依靠产业结构的规划来选择，还需要通过产业结构政策发挥对市场运行的导向作用。从国家层面来看，国家对主导产业的扶植包括技术与资金的扶持，从宏观上指导需求，保证主导产业产品的销路，等等。

二是瓶颈产业。对于瓶颈产业，主要是指导其增长。所谓瓶颈产业，是指产业连销中成为缺口的产业部门。这些部门之所以被视为瓶颈产业，主要是因为其供给能力过弱，阻碍了产业结构高度化及国民经济增长，由此引起一系列连锁反应，造成其他产业部门生产能力的闲置和浪费。社会主义市场经济体制下的产业结构政策，不仅要重视主导产业，对其加以政策的倾斜，进一步激发其产业的增长，而且更应该关注瓶颈产业，使之与主导产业趋于均衡。

三是进口替代和出口导向。随着我国对外开放步伐的不断加快，在发展经济的过程中，产业结构的协调和发展更应该考虑国际分工，尤其是在确定产业结构政策时，应充分考虑国际市场的供需状况。进口替代意味着变更传统的产业结构，对其加以改造或升级，也就是发展高新技术或满足高层次需求的新兴产业。出口导向即出口结构对外向型产业部门的导向。无论是产业发展，还是产业变更，都离不开对国际市场供需的考虑，只有适用国际市场供需要求，才能提升我国市场经济在国际市场中的竞争力。

（二）产业组织政策

产业组织政策也是产业政策的重要内容，其作用在于促进供给总量有效增加。供给改善使供需总量均衡稳定，从而缓解或解决二者之间的尖锐矛盾。

发挥产业组织政策作用的主要途径是对于能够产生较高效益的产业形式进行大力扶植，使其充分有效地利用资源条件，促进资源的合理分配和不被浪费。具体可从以下几个方面来理解。

第一，扶植能使资源有效使用的产业组织形式。也就是说，需要在以充分考虑规模经济要求的基础上，在保证产业内部企业生产规模的条件下，促进产业内部企业制定更为合理的组织形式，最大限度地提高资源利用程度。需要明确的是，这里所提到的生产规模，是产品生产批量的状况。因此，扶植有助于资源有效使用的产业组织形式，也可以理解为组织最为适宜、合理的产品批量生产体系。

第二，扶植能使资源分配结构合理的产业组织形式。也就是说，所扶植的对象为能够优化资源配置，以及使资源能够在不同产业之间形成有效分配的产业组织。从这一角度来看，产业组织政策可以通过协调能够合理配置资源的产业组织，使其内部及产业之间形成良好的资源分配关系。

第三，扶植能使资源不被浪费的产业组织形式，也即组织合理适度的产业竞争秩序。选择通过产业组织政策来干预产业竞争秩序，是因为市场环境中，虽然竞争的作用是明显的，能够促使企业管理的优化、技术的革新及成本的降低，但竞争需要控制在一定的程度，过度或不适当的竞争会带来一系列不良的后果，损害社会生产的经济效益。

过去，在以产品经济为主导的时代并不存在竞争秩序，因而产品组织形式也就不存在组织竞争秩序的内容。而随着以市场为主导的商品经济的形成，市场的开放程度日趋扩大，相对来说企业渐渐转变为不必倚仗其他力量的商品生产者和商品经营者，与此同时，组织与维护竞争的秩序就显得尤为必要。

（三）国民收入分配政策

国民收入分配政策是国家宏观调控的一项重要形式，不仅对形成社会总需求产生直接的决定作用，对于促进国民经济循环和维持国民收入平衡还有着不可小觑的作用，同时也会间接地影响社会总供给。国民收入分配政策的具体作用可从以下几个方面体现。

第一，调节社会供给与需求的总量矛盾。国民收入分配是始终与社会供需相联系的。作为宏观经济政策的实施者，国家通过国民收入分配政策调节社会总需求的形成，以达到缓解社会供需矛盾的目的。而协调供需矛盾的主要路径是采取积极的货币政策，使国民收入最终分配量发生变动，以此调控供给量和需求量之间的数量关系，最终达成协调二者之间矛盾的目的。换种说法解释，就是从国家层面采取货币调控手段，从货币形态的国民收入最终分配量入手，配置多样化的数量关系，使流动于经济市场的国民收入总需求量和国民收入总分配量形成隐形动态平衡关系，协调或化解供需之间的尖锐矛盾。另外，国民收入分配政策还可以通过供给形成的外部条件、供给形成的能动要素、供给形成的资金因素等方面，对总供给起间接影响作用。

第二，调节供给结构与需求结构的矛盾。不同时期，国民收入分配政策发挥着各自的作用。从短期来看，国民收入分配政策对需求结构起一定的调节作用，通过改变需求结构，使其更加符合供给结构的要求。具体操作内容如下：一是通过对收入状况的调节，实现对需求结构的影响；二是通过对各类要素实行再分配机制，调节资产、劳动和技术诸要素的产业配置结构，实现资源的优化配置及利用，最终适应需求结构的发展。例如再分配差别税率、差别价格、差别工资等，优化和利用产业资源。

第三，调节经济利益矛盾。这主要是由市场分配原则而引起的经济利益关系的不协调所造成的。在社会主要商品经济条件下，市场机制的增强对国民收入分配产生的影响有两种，一是造成收入差距过大，二是造成非劳动收入和非取决于主观劳动条件的级差收入增加。从我国当前的社会主义经济现状来看，这两方面的影响并非消极的影响，相反，从一定程度来看，它们的存在还有一定的必要性。与此同时，我们也应该正视收入差距的问题，这是一个严肃的社会问题。收入差距悬殊，极易引发社会矛盾，甚至冲突，既影响社会的稳定与和谐，又在一定程度上阻碍经济发展。除此之外，级差收入和非劳动收入的存在甚至还会对社会发展产生阻碍作用。因此，应该明确国民收入分配政策的目标。

在我国，国民收入分配政策调节经济利益矛盾的目标主要有以下内容：允许收入分配差距的存在，但应该将差距控制在合理范围，防止差距悬殊；允许有利于社会主义经济发展的多种分配方式的存在，在保证级差收入和非劳动收入能够适当增加的前提下，可以消除对社会主义经济建设产生消极影响的非劳动收入和非取决于主观劳动条件的级差收入的扩张。

（四）货币政策

1. 货币政策的作用

从我国的经济发展来看，货币政策是近些年才作为宏观经济政策出现的。过去传统的集约式产品经济体制，仅仅视货币为计量的筹码，极大地限制了货币的作用。当财政政策对国民经济活动起决定性作用的时候，货币政策只不过是通过货币投放保证财政政策得以实现而已，因此其在国民经济中的作用并不突出。但是，伴随经济体制改革的逐步深入，商品经济得到了很大发展，货币在商品经济中的作用也逐渐凸显。货币政策甚至成为比财政政策具有更强调节力的宏观经济政策。

货币政策的根本在于控制货币供应量以调控社会总需求水平，使其受抑制或是得以扩展，最终实现社会供应总量和需求总量之间的平衡。也可以说，货币政策是一种缓解或消减社会供需总量之间的矛盾的经济政策。这种经济政策主要是通过中央银行对货币的控制和调节来实现的，可从以下两个方面来理解。

一是长期控制。国家综合考虑一系列因素，如预计合理的经济增长率、物价上涨率和货币流通速度的变化等，确定一个长期的货币供应量增长幅度。这一政策的实施必须同时满足两个条件，即国家批准、央行执行。只有这样，才能防止货币供给变化的极端化。二是即时调节，也称为随机控制。社会再生产过程是一个动态过程，其间有伸缩性或波动，因此对货币投放也会产生相应的影响，使得货币投放呈现扩大和收缩两种状态。在这一过程中，中央银行必须立足于市场，根据瞬息万变的市场价格和利息率的变动信号随时调整货币供给量，以保持总供给与总需求的平衡。

中央银行对货币的调节主要通过以下途径实现。

一是中央银行运用法定准备金比率调节派生存款额。央行对派生存款的控制，也即对基础货币的控制。所谓基础货币，通常是指专业银行存在央行的准备金及流通于银行体系之外的现金的总和。可通过以下公式来计算派生存款：派生存款＝原始存款 ×（1/法定准备金比率—1）。由此不难看出，存款的扩张能力可以由法定的准备金比率变动来调节。准备金比率越小，存款扩大的倍数越大，反之就越小。

对于中央银行来说，根据市场变化，如果需要紧缩银根，那么可提高存款准备金比率，以降低存款的扩张能力；反之，就要降低存款准备金比例，提高存款的扩张能力。

二是中央银行通过公开市场业务调节货币供应量。公开市场业务指的是中央银行在市场上公开买卖各种政府证券（如国库券、公债）及银行机构发行的证券。通过这种机制来贯彻紧或松的货币政策，在需要紧缩银根的时候，可以出售证券；而在需要放松银根的时候，可购买证券。

三是中央银行通过贷款利息率（再贴现率）调节信贷规模。通过贷款利息率的变化，改变专业银行向央行的贷款数额，进而对市场利息率产生一定的影响，向专业银行和公众宣布中央银行及国家的宏观政策的方向。由此，通过放松信贷，可降低贷款利率；而紧缩信贷，可提高贷款利率。

2. 货币政策的分类和选择

根据货币供需关系，可将货币政策分为三种类型。

一是扩张性货币政策。扩张性货币政策的实质是货币需求量远远在货币供应量之下。一般而言，货币供应量匹配于社会总需求，而货币需求量以社会总供给为依托，因此扩张性货币政策的实施，目的在于刺激社会需求，以保证总需求大于总供给。但是在不同经济背景下，这一政策的发挥情况大相径庭。例如，在社会总需求远远落后于总供给的条件下，扩张性货币政策的实施，有助于刺激有效需求的增加，保持供需的基本稳定。除此之外，扩张性货币政策实施还适用于同时存在供不应求和过剩积压的问题，以及同时存在超负荷运转和生产能力匮乏的问题等情况。

扩张性货币政策的实施会在一定程度上缓解由以上状态造成的经济压力，有利于促进供求趋于平衡。如果现有的社会总的供需平衡是在生产潜力未能完全发挥作用的条件下形成的，采用扩张性货币政策便会刺激总需求增加，使剩余生产能力得以发挥，进而形成更高阶段的平衡。在总需求极度膨胀的情况下，抑或现有的供需平衡是在生产力充分发挥作用的条件下产生的，基于这一状态而采取扩张性货币政策会带来或加剧需求膨胀。

二是均衡性货币政策。这一货币政策是指货币供应量与货币的实际需求量大体相当，二者之间实际形成了一种对等关系。在这种状况下，由货币供应所形成的社会需求与货币实际需要量所代表的社会总供给基本持平。

在均衡性货币政策下，货币供应量是直接受到货币实际需要量影响的，而决定货币实际需要量的主要因素为待流通的商品量。由此可以说，从本质上来看，均衡性货币政策下的货币供应量是以社会总产值或国民收入增长率为基础的。这一特征决定了货币政策能够促进或保持社会总供需的平衡，而这也是货币政策的重要调节特征。

当社会总供需出现不平衡，即出现总需求膨胀或总供给过剩的状态时，均衡性货币政策按照社会总产值或国民收入增长率控制货币供应量，能够有效地改善不平衡关系，保持供需总量的平衡。

三是紧缩性货币政策。紧缩性货币政策是与扩张性货币政策相反的一种政策，主要是指货币供应量远远小于货币的实际需要量。这就造成由货币供应量所形成的总需求量，也必然小于货币实际需要量所代表的总供给量。由此可以看出，紧缩性货币政策的主要目的是使社会总需求的增长受到抑制，从而促使社会总供给的增长幅度高于社会总需求的增长幅度。

紧缩性货币政策也并非适用于任何经济状态。通俗地讲，在一般情况下，如果出现社会总需求与社会总供给失衡的情况，则不适合采取此种货币政策，而只有在总需求严重膨胀时，才能够更好地发挥此种货币政策的优势，维持经济的有效运行。但一般最好不要使用，也不建议使用这种货币政策，原因主要是一旦总需求膨胀遭受紧缩性货币政策较为强烈的束缚和抑制，就会与被抑制方的抗逆性产生巨大冲突。也就是说，过刚易折，猛烈的经济抑制力量与强烈的反经济抑制作用碰撞，会产生不可视，但却不可忽视的后作用力，严重者会引发经济动荡。与此同时，伴随对总需求的过猛抑制而来的，还有对供给增长带来的一系列副作用，阻碍供给的有效增加，最终影响社会总供需矛盾的缓解。

综上所述，根据社会主义宏观经济易于形成总需求膨胀的特点，在调控市场经济的运行中，宏观经济调控政策首要推荐使用的是均衡性货币政策，尽量不要采用紧缩性货币政策，同时，坚决不可以使用扩张性货币政策。

（五）财政政策

1. 财政政策的作用

财政政策在我国经济发展中地位突出，发挥着重要作用。作为国家宏观调控的重要手段，财政政策在作用、途径和范围等方面与社会主义所实行的经济形式有着直接的联系。

在集权经济时代，财政政策几乎成为国民经济的全部，在社会总供需层面有着绝对的主导作用，决定了社会供给与需求的总量及结构，并参与和主导经济利益的配置过程。步入商品经济时代以来，我国财政政策的调控手段和调控过程也在慢慢发生转变，但这并不意味着财政政策地位的下降。这一变化只是说明了财政政策在作用、途径及其范围等方面有了新的特点，而其地位并未被动摇。财政政策仍然是社会主义宏观经济调控不容忽视的政策，仍然发挥着极为重要的调节作用。具体内容如下。

第一，调节货币流通过程。在有计划的商品经济时代，财政收支是通过货币形式来实现的。因此，从一定程度上来看，财政参与了货币流通的过程。当市场货币流通较大时，政府可以采取加大商品和劳务的购买力度、增发国债等手段扩充财政收入，也可以通过规范收费原则，减少财政补贴等手段减少财政支出；或者通过对银行增发的货币征收货币发行税、超额发行税，通过对银行实行信用膨胀、征收特种税，以实现对货币流通量的抑制，减少市场货币流通量。而当市场货币流通不足时，财政政策的实施能够在一定程度上把现有的潜在货币转化为现实货币，通过追加投放货币的方式提高市场货币流通量。

第二，调节财政收支平衡。在有计划的商品经济背景下，财政政策虽然也参与国民收入分配的过程，但对国民收入没有完全的支配作用。也就是说，财政政策只能对国民收入的三分之一进行分配，直接参与一部分生产活动，包括调整国家财政购买活动和直接投资活动；调控一些社会公共管理活动，包括社会后备基金、国家管理基金和非生产性基本建设基金等；直接调节财政收支平衡，从而实现调节社会供需总量及结构等目的。

第三，管控银行信贷的来源与运用之间的动态平衡。财政政策依靠其与银行信贷的制约关系，实现对银行信贷资金收支平衡的调节，包括以下内容：其一，调节货币发行量。通过调节货币发行量在一定程度上实现对银行信贷的间接调控，即制约其结构和收支规模。其二，制定银行贴现国库券的数量定额。这样可以在一定限度内调整银行信贷的收支规模。其三，规定财政从银行借款的额度。依凭此种方式控制银行信贷的结构变动，从而调节其收支平衡。其四，参与银行收益分配过程。这一点主要是通过对银行纳税率和收益比例进行规定，从而调节银行的获利。

第四，调节预算外资金及其他社会资金的收支平衡。这是影响社会供需总量和结构的一个不可忽视的因素，在有计划的商品经济条件下，财政政策通过与它们的间接制约关系，对其进行调节。这一过程主要是调整税收（包括税种及税率变化）和财政信用，使其能够对保持供需结构平衡和保持社会供需总量平衡产生积极作用。

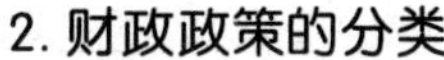

2. 财政政策的分类

从本质上来看，财政政策是国家利用财政收入与支出结构的变化，实现对社会总供需变动的调节。根据财政收支总量的不同对比关系，可将财政政策分为以下三类。

第一类，赤字性财政政策。这一财政政策的功能是刺激社会总需求增长。当供需出现失衡，表现为供大于求时，即有效需求严重不足时，可选择这一财政政策。弥补赤字的有效方式包括动用原有财政结余和向银行借债等。需要注意的是，避免采用公债的方式。

第二类，盈余性财政政策。其主要作用在于抑制社会总需求增长。当需求远远超出供给，也即需求膨胀时，可通过这一财政政策达到调节的目的。但是需要注意正确处理财政盈余。与此同时，必须核销、冻结财政盈余部分，并可以从全流通过程中将多余的货币回收。

第三类，平衡性财政政策。其作用在于保持总供需的同步增长。如果二者大体平衡，且平衡的前提是社会生产能力充分发挥作用时，便可采用这一种财政政策，否则不建议采用。

第七章　财政政策

第一节 财政政策的基本类型

一、财政政策的概念

在经济学中，财政政策一般被认为是政府在把握客观经济规律的基础上，为维护经济秩序，指导金融工作，处理金融关系而制定的一系列政策、规范和措施的总称。西方经济学家有不同的观点，他们将财政政策解释为“利用政府支出和创收活动实现特定目的”或“利用政府预算（包括税率和政府支出水平）调整国家需求水平，促进充分就业和控制通胀”的政策。

从整体上来看，虽然中外学者对财政政策有着不同的理解，但从本质上来看，两种观点又有以下共同之处：①财政政策基于国家层面，是一种意识活动的产物，并归属于上层建筑的范畴。但财政政策的制定，从理论上来看，是建立在反映客观分配关系及运动规律的财政理论之上的。因此，从这一层面来看，财政政策又是主观见之于客观的政策。②财政政策是国家意志的体现，国家利用财政政策能够达到预期目标。财政政策的制定旨在维护经济秩序及社会稳定，因此这就决定了财政政策的职能是纠正市场缺陷，消除经济周期波动和调节就业水平。③财政政策的有效实施，需要借助一定的手段和工具，如税收、公共债务和财政支出，在此基础上通过财政收支活动实现。其中，财政收支活动的有效开展也离不开具体的财政政策环境和税收、财政支出等工具。④财政政策本质上是一项经济政策。

基于以上分析，财政政策可以概括为国家（或政府）基于特定的财政理念，综合运用各种财政工具以实现预期经济目标的经济政策。由此可以看出，财政政策涵盖三个要素：一是预期的经济目标；二是税收、公债、财政支出等财政手段；三是政策制定主体，即国家（政府）。因此，对财政政策的理解，主要把握财政目标、政策工具和政策主体的统一即可。

二、财政政策的目标和工具

（一）财政政策目标

财政政策目标就是制定和实施财政政策所要实现的预期效果。不同国家在制定财政政策目标时都会各有侧重，但一般都会立足于本国实际。如力争预算与国际收支平衡，实现经济持续稳定增长，等等。郭庆旺认为，从中国经济现实状况出发，根据经济发展需要，所制定的财政政策目标可从以下几个方面来分析。

1. 经济稳定和增长

在全球化发展的背景下，世界各国都将促进经济发展作为国家的重要职能，因而体现在财政政策上，便将经济稳定及增长作为基本的政策目标。尤其是对于尚处于社会主义初级阶段的我国来说，生产力水平还有待提升，更应该将促进经济稳定和增长作为制定财政政策的出发点和归宿。值得一提的是，促进经济稳定及增长并非只是财政政策需要达成的目标，还是其他经济政策，如货币政策、产业政策等的共同目标。只不过，财政政策在市场经济背景下，是国家实施宏观调控的主要手段，其作用及地位也是极为突出的，往往制约着其他经济政策作用的发挥。鉴于此，强调财政政策以经济稳定和增长为目标的意义更大。

2. 物价相对稳定

物价直接关乎社会的稳定。确保物价的相对稳定，对于国家的长治久安意义重大，世界各国也都将维持物价的相对稳定作为其追求的重要目标。尤其是对于像我们国家这样的发展中国家，生产力水平相对落后，资源相对短缺，物价始终是影响经济发展及社会稳定的不稳定性因素。所以，从宏观经济政策层面来看，在制定科学有效的财政政策时，必须充分考虑物价因素，将物价相对稳定性作为财政政策的目标。当然，我们所强调的物价相对稳定，并非冻结物价，而是在充分发挥市场机制的基础上，尽可能地将物价总水平的波动控制在一个可行性的范围内，避免价格波动对经济造成的影响。

3. 公平分配

财政政策作为一项重要的经济政策，是国家直接参与的一种政策形式。特别是参与分配的过程要体现公平原则，把公平分配作为根本目标之一。

作为一个社会主义国家，中国更加强调社会公平，社会公平被视为一种价值判断。基于不同的时期，人们对公平有着不同的理解。从社会层面看，公平有两种形式，即经济公平和社会公平。从经济公平的角度看，公平是市场经济运行的内在要求，强调投资与收益的等价性；从社会公平的角度看，社会公平强调将收入差距控制在合理的范围内。一般意义上的公平代表社会公平。

需要明确的是，我们强调公平，但我们不能将公平等同于平均水平。盲目强调所谓利益平等，实质上是一种严重的不公正。我们强调的公平是基于机会平等，基于要素投入和要素收入之间的相对关系，不仅确保合理的收入差距，而且防止两极分化。

要实现这一目标，必须从收入和支出两个方面调整财政政策，通过税收、补贴和转移支付（包括政府间转移支付和政府对企业、集体和个人的转移支付），平衡地区和社会成员之间的收入差距，从而实现共同富裕的原则，最终实现公平分配的目标。

（二）财政政策工具

工具是为达到一定目的而采用的手段或途径。因此，可将财政政策工具理解为，国家（或政府）为实现特定的财政目标而选择的各种财政分配手段。一般来说，财政政策工具主要有三种，具体内容如下。

1. 税收

税收作为一种特殊的财政政策工具，不仅是财政收入的主要来源之一，也是国家权力的体现。因此，从性质上看，税收具有强制性、自由性和固定分配形式的特点。这些特点赋予税收监管以权力，税收监管也与国家权力相统一。

税收调控的实现主要体现在宏观税率的确定和税负分配上。宏观税率是指税收总额占 GDP 的比例。当税收被视为国家财政收入的主要来源，如税收收入占财政总收入的 90% 时，宏观税率已成为衡量财政集中度和分散度的重要指标。也就是说，高宏观税率意味着政府拥有高财政资源或调动资源的能力。政府调动资源的能力直接决定着经济的稳定和发展。一般来说，政府提高宏观税率，将使私营（非政府）部门的经济萎缩，这意味着更多的收入从私营（非政府）部门流向政府部门，同时，私营（非政府）部门的需求将减少，产量将相应减少；相反，如果政府降低税率，这意味着它将扩大私营（非政府）部门的经济，需求将增加，产出将相应增加。

除了宏观税率外，税负的分配也是非常必要的。税负分配主要通过不同的税收结构，由政府部门根据税率的确定和税种的选择来实现。税负分配对个人和企业都有很大的影响。

2. 财政支出

财政支出是财政职能的体现，是政府提供社会服务，满足社会公共需求的一般性支出，一般包括政府日常支出、政府投资支出和其他采购支出，以及社会保障、财政补贴等转移性支出。

结合中国的经济和社会状况，目前中国政府投资的项目主要包括具有自然垄断特征、外部效应大、产业关联度高、示范诱导、公共设施和新兴高科技主导产业的基础产业。财政的作用在很大程度上取决于政府的投资能力和投资方向，这也是经济结构调整的关键。

3. 公债

从性质上来看，公债是财政信用的一种表现形式，公债发行最初是用于弥补财政赤字。而伴随经济的发展及信用制度的完善，公债的作用发生了很大的变化，已逐渐成为调节货币供求、协调财政与金融关系的重要政策手段。

公共债务的监管作用可以从以下几个方面来理解。首先，“挤出效应”主要是由于政府债券的发行，抑制了私人（民间）投资和消费资金，在一定程度上起调节私人（民间）投资和消费的作用。其次，“货币效应”主要是基于政府债券的发行对货币供求产生一定的影响，导致货币供求的变化。一方面，它可以刺激一些“潜在货币”成为真正的流通货币。另一方面，它可以将私人（私营）部门的存款转移到政府部门，或者由于中央银行购买政府债券而增加货币供应量。总之，政府债券发行引起的货币变化统称为“货币效应”。第三，“收入效应”，根据债券发行机制，发行的债券在未来几年主要通过增税来偿还，这使得债券持有人在债券到期时，不仅可以收回本金，还可以收回客观利息。

一般来说，政府债券是由政府部门发行的，它的发行主要是为了社会和公众的需要，从公平视角来看，人人可享用发行的公债。这就在一般纳税人与公债持有者之间形成收入的转移问题。除此之外，从收入与负担角度来分析公债，公债的发行不仅对当下社会及个人有着一定的影响，同时还存在所谓“代际”转移问题，对这类问题的分析，也即对收入效应的分析。

三、财政政策的类型

依据财政政策对经济作用方式的不同，可将财政政策分为以下两种类型。

（一）自动稳定的财政政策

这种财政政策又称“内部稳定器”，其主要特征是，它的选择不是政府或金融当局基于经济形态判断的积极行为，而是基于市场经济波动的自发调节。它是一种基于稳定的财政政策，即制度化的财政政策。

这种财政政策的自动稳定功能主要取决于税收和财政支出的自动稳定机制。它对经济的影响主要表现在以下几个方面。

自动稳定的财政政策的作用体现在具有累进特征的所得税制度中。例如，个人所得税有一定的起征点，采用累进税率。当经济萎缩或萧条时，必然会对个人收入产生一定影响，导致个人收入减少。因此，不仅缩小了符合税收条件的范围，而且税率也会降低，导致税收收入自动减少，这对于防止转型期社会总需求萎缩十分重要，对经济下滑起一定的抑制作用，有助于刺激经济复苏。

从财政支出的角度看，财政支出最明显的自我稳定功能体现在转移支付上，特别是政府对居民个人的转移支付，如失业救济金和个人福利费的支付。

在经济萎缩或衰退时，个人收入相应减少，从而扩大了社会救济或补贴的范围。这一现实自然会导致转移支付的自动增加。从这个角度看，它可以有效抑制个人消费需求的下降，扭转经济持续恶化的局面。相反，当经济发展状况较好时，就业状况也会较好，这将带来人们收入的增长，并自动减少社会救助的转移支付，从而抑制个人消费的过度扩张，防止经济过热。

从以上分析可以看出，税收和转移支付在调节总需求，以及在很大程度上减少经济波动和实现稳定经济的财政政策目标方面都发挥着自动作用。财政政策的自动稳定效应取决于税收结构和转移支付水平。不同性质的国家采取不同的财政政策和税收制度。如美国等发达国家实行以所得税为主的税制，税收累进特征明显，而且转移支付项目多、比重大，财政政策自动稳定效应明显。相比之下，中国作为一个发展中国家，市场经济体制的框架还不成熟。一方面，短期内难以形成完善的以所得税为主体的税收体系；另一方面，作为一个发展中国家，生产力水平仍然不发达，受到社会财政资源的制约，对个人的财政转移支付比例有限。此外，我国社会保障体系的建设还处于起步阶段，各方面的发展还不完善，而且没有标准化的失业救济金支付制度。基于此，我国现行财政政策对经济变化引起的整个社会需求变化的自动调节作用不大。

此外，值得注意的是，基于我国目前的经济体制和财税体制，财政政策的自动稳定效应非常弱。即使在经济相对发达的国家，其影响也是有限的，其对经济的影响只能改善，而不能改变经济波动的总趋势。因此，经济的调整也必须依靠相机抉择财政政策。

（二）相机抉择财政政策

该类型的财政政策是政府部门有意识地干预经济运行的行为，主要是由政府或财政管理局，为达到一定的宏观经济目标，而根据市场情况及各项调节措施的特点，机动地决定和选择的财政政策措施。

根据调节经济总量方向的不同，又可对这类财政政策进行细分，得到以下几种财政政策形式。在宏观经济调控中，每种财政政策的作用是较为显著的，其对经济的影响具体可从以下几个方面来分析。

第一，扩张性财政政策。这类财政政策也被称为膨胀性财政政策。其主要是通过减少财政收入或增加支出的方式，在一定程度上对社会总需求形成刺激，从而实现经济总产出的增加。

不同的经济条件下，所采用的财政政策应该有所区别。一般来说，在经济处于萧条时期，生产能力不足，造成社会就业率下降，有效需求不足时，适合采用扩张性财政政策。一方面，通过降低税率、实行免税或退税等方式，减轻企业或个人所承担的税费，以刺激企业和个人的消费和投资。另一方面，政府在减免税的同时，通过加大财政公共支出，包括公共工程的支出、政府对物品和劳务的购买及政府对个人的转移支付等，不仅能够直接带动社会总需求，还能够带动私人（民间）消费和投资的增加，从而扭转经济衰退的趋势，促使经济摆脱困境。

第二，紧缩性财政政策。这类财政政策是通过对财政分配的温度调节，即增加财政收入或减少财政支出来达到平衡，适合需求目的的一种经济政策。也就是说，在经济出现过热，或总需求膨胀时，政府便可以采取紧缩性财政政策来稳定经济局面。

具体可采取提高税率、设置新税种、减少免税或退税规模等方式，增加税收收入，从而在一定程度上抑制企业及个人的消费和投资需求。不仅如此，政府通过减少购买性支出和对个人的转移支付等方式，不仅能够对社会总需求起直接的抑制作用，还能够减少私人（民间）部门的可支配收入，从而抑制经济的过热增长。

第三，中性财政政策。这种财政政策的实施，主要是通过保持财政收支平衡，实现社会总的供需平衡。该政策的功能在于维持社会总供需对比的既定格局。其实质在于不影响市场机制发挥作用，而是在经济发展相对平稳的时期，保持财政政策主观上对经济的中立。在具体操作中表现为财政收支在数量上基本一致，既避免大量结余的存在，也不允许出现较大赤字，由此可以看出，中性财政政策对社会总供需不具备倾向性的调节作用。

第二节　财政政策的取向

一、财政政策传导机制

财政政策的传导主要是指将财政政策的工具变量转化为政策目标变量的过程。要实现财政政策传导过程，需要以传导的中间环节为过渡环节。财政政策作为一种经济管理手段，对调节社会总供求和货币资金运行起直接作用。其作用是通过国家集中控制的财政收入将部分货币资金转移到国家，从而有效地控制市场上的货币流通（市场需求）。市场货币流通的变化和市场参数（收入分配和中间价格）的变化直接影响市场经济活动的参与者，同时对其消费和投资行为的影响，最终会导致经济总量的变化。

因此，财政政策的传导机制可以理解为以市场为载体，依靠市场宏观变量的传导，影响经济活动主体的投资和消费行为的活动路径，实现调节经济产出和经济增长的政策目标。

财政政策预期效果的实现程度主要取决于政策工具在政策传导媒介上的作用。基于市场经济环境，对国民经济有重要影响的因素是居民个人收入和企业利润收入的分配。

首先，从居民个人收入分配的角度，可以从以下几个方面分析政策工具变量调整对居民收入分配的影响。第一，政策工具变量的调整将改变货币收入者的货币收入。第二，它将引起货币实际购买力的变化。货币收入的变化主要通过对居民征收个人所得税等税收来实现。这样，可以适当减少居民收入，也可以通过某种形式的税收补贴，在一定程度上提高居民的货币收入。货币购买力的变化主要通过政府对货币升值或贬值来实现。

随着居民个人收入的变化，居民的储蓄和消费行为也会受到一定程度的影响。基于这种状态，工人的生产积极性必然会受到影响，促使工人做出新的选择。例如个人所得税，当累进税率达到一定高度时，很可能会有人在工作和休闲之间做出新的选择，这将不可避免地导致工作时间减少的问题。此外，消费税的出台将直接影响消费支出，利息税的引入将影响储蓄行为。

由此可见，居民个人收入直接影响社会的供给和需求，而它无论以何种形式变化，都必然导致社会需求的变化，进而影响经济的稳定与发展。

其次，从企业利润和收入分配的角度，这种收入分配主要体现在企业税后利润的分配上。在市场经济的调节下，利润是企业生存和发展的基础，追求利润是企业管理的基础。税后利润的多少直接决定企业的生产和投资行为。这就要求政府部门准确把握国家与企业之间的利益分配关系。如果两者之间的关系不稳定，必然会成为企业短期行为的重要诱因，从长远来看还会导致盲目生产、重复建设等不良行为，最终影响企业的可持续发展。

总之，社会总需求变化的根本原因是收入的变化，而收入的变化正是由分配决定的，或者说是利益格局调整的结果。因此，财政政策可以看作是通过调整利益分配为经济目标服务的政策。

在经济学中，价值通常以价格的形式表示。换句话说，价格是价值的货币表达。价格在市场经济中处于核心地位，它不仅反映了价值规律的内在要求，而且反映了市场供求关系的变化。供求关系的变化将直接导致价格的变化。同时，价格的变化也会影响供求关系的变化。由此可见，价格与供求关系是相互联系、相互影响的。

在经济活动中，当某种商品供过于求时，随着商品积压，其价格会受到影响；当商品供应短缺时，价格会随着商品的短缺而上涨。相反，在其他条件不变的情况下，如果商品价格高，市场上该商品的供给就会增加，导致需求减少；当商品价格较低时，市场上这种商品的数量就会减少，从而增加对它的需求。

由此可见，在企业经营与市场供求之间，价格在调节社会资源合理配置中起重要的中介作用。

总之，财政政策是特定政策主体根据经济发展的客观实际所采取的不同的政策手段。它是政策主体借助市场传导媒介影响微观经济主体经济行为的中介变量，以实现预期的财政政策目标（见图 7-1）。当然，实现这一目标是一个复杂的过程。如果顺利，说明财政政策是科学规范的，符合客观实际的。否则，不仅财政政策的实施进展困难，而且政策目标也不能很好地实现，这表明该政策不符合客观实际。在这种情况下，有必要及时调整财政政策。

政策手段　　　　　　　　　　　　　　　传导媒介

政策主体→载体（市场）→微观经济主体（企业、居民）→实现政策目标

图 7-1 财政政策传导过程（缺少图源——作者核实）

二、财政政策的取向分析

在市场经济发展的背景下，市场机制发挥了基础性作用，但与此同时，市场经济也有其自身所存在的问题，如由市场不完善和功能性缺陷所形成的市场失灵等问题。对于市场失灵的种种表现，一方面为政府干预经济活动提供了动力，另一方面也从侧面说明了政府干预对于市场资源配置的合理性与有效性。由此可以认为，政府介入社会经济生活，能够有助于弥补市场机制的局限性。从这个意义上说，市场与政府的作用是互补的。这样，在经济运行过程中，就自然而然地形成了分别以市场、政府为主体的两个经济调控体系，其中，这两个经济调控体系的区别在于一个是自发、自动形成的，另一个是人为的、相机抉择的产物，这也是由二者不同的运行背景决定的。由此，在对经济的调控过程中，二者的作用方向、作用领域及目标也是各不相同的。

在我国具有中国特色社会主义的市场经济中，公平和效益是市场经济发展的重要理念，从这一角度出发，市场与政府在经济活动中有着明确的角色分工，市场机制主要借助价格手段解决效率问题，而政府机制则主要凭借财政生产来促进社会公平。由此，可以看出，二者只有相互配合，才能够达到效率优先、兼顾公平这一最佳目标。

基于我国当前的社会实际，经济体制正处于转型的关键期，这个时期更应该加强对经济效益与社会公平的关注，通过制定合理的收入分配政策，如调整征税政策、健全社会保障筹资融资政策等，实现社会公平。

而基于经济的稳定性，财政政策应充分应用所得税政策及转移支付政策，发挥其内在稳定器职能。需要明确的是，我国财政政策在经济稳定性的作用

机制上还不健全，也即财政内在稳定器对经济周期的影响与效应还不明显，还有很大的提升空间。需要从促进社会公平分配角度调整财政收支政策，以更好地协调不同市场参与者的利益。这是政府参与市场经济活动、运用财政手段促进社会公平的重要举措。

当前，我国社会各阶层收入存在较大差距，对国民收入的初次分配，国家没有进行过多的干预，而对于国民收入的再次分配，国家干预的力度也不强，而这不得不说是一大失误。对比西方市场经济发达的国家，可发现其在对国民收入初次分配上，所占份额较小，但是利用财政政策对国民收入的再次分配，所占份额则较大。这样做不仅为国家实施职能提供了财力保证，也体现了社会公平。

总而言之，在经济运行过程中，国家应该适时地调整财政政策，逐步完善个人所得税、企业所得税的制度与政策，还应适时开征社会保障税，并实行专款专用。

从资源优化配置的角度来看，政府与市场应该加强分工与协作，政府应主要负责社会公共物品的供给，市场主要负责私人产品的供应。当然，这不意味公共物品或私人物品的提供者是唯一的。但是，在财政政策的取向上，公共物品的供应应该是首要的。

三、财政政策实施主体的多元化与财政政策取向的多层次

中央政府与地方政府之间的职能划分是分层的，为不同主体财政政策的层次划分奠定了基础。公共物品利益范围向层级的过渡为支出政策，乃至整个财政政策的层级提供了必要的条件。不同公共物品的性质不同，决定了不同的利益范围。因此，公共物品可以分为两种不同的类型，即国家公共物品和地方公共物品。提供公共物品的主体不同，一些公共物品与国家有关，而另一些则与地方有关，具有区域特征。涉及整个国家的公共物品可以被全社会共享，因此利益的范围是国家，比如国防服务，基于此共享整合的物品或服务，应由中央政府提供；与区域性相关的公共物品或服务只适用于某一区域的情况，受益范围有限，对于此类地方公共物品，宜由地方政府提供。

从中国的社会现实来看，中国幅员辽阔，地区差异很大，特别是经济发展中的贫富差距很大。从不同层次类型来看，财政政策的层次是多样化的，包括决策层次、执行层次，甚至政策本身的层次。实施分级财政政策，就是根据我国的客观实际，包括生产力水平、人文地理条件和社会环境背景，选择与中央和地方政府密切相关的模式，有条不紊地实施一个地区乃至全国的财政政策，推动财政政策充分发挥宏观和微观调控作用。

从财政政策制定和实施主体的角度看，层级选择既是政府职能和公共物品层级的要求，也是市场经济体制发展的必然要求。市场经济体制效率的最大优势在于分散决策，以确保政府决策最大限度地满足居民的需要。改革开放以来，中国政府在处理与企业的关系上，通过简化管理、下放权力，取得了一定的成效。然而，从政府关系的角度来看，政治单一制与经济“联邦制”的矛盾日益明显，这意味着有必要重新认识和界定中央与地方政府的关系。

通过法律手段确定中央和地方政府的权利、责任和利益，赋予地方政府足够的权力规范和正常实施，对于规范政府行为，提高经济效益具有重要意义。

在明确财政政策制定和实施的主体层次后，合理界定中央和地方财政政策的职能范围。总的来说，中央财政政策的作用可以体现在以下几个方面：社会主义市场经济框架的建设，市场经济运行规则的制定，市场主体利益和市场秩序的协调，建立良好的国际经贸合作，调整进出口税率，扩大出口；保持经济持续稳定增长，保持财政和货币政策的协调，调整产业结构，促进供需总体平衡，帮助国有企业脱困盈利。此外，它还包括对全国能源和交通等跨区域基础设施建设的政策指导。

区域财政政策的作用主要体现在以下几个方面：制定适合区域经济社会发展的财政政策，包括地方税收政策和财政支出政策；通过税收和公共投资优化投资环境；建立健全区域融资机制。

第三节　财政政策的有效实施

财政政策的可持续性是财政政策顺利实施的基础，也是财政政策有效性的表现。因而，促进财政政策的有效性，最关键的是要保证财政政策的可持续性。财政政策的可持续性，能够有力地支持经济结构调整与升级，进而促进经济的可持续发展。由此可见，财政政策的可持续性对于经济的发展至关重要，要推动财政政策的可持续发展，就需要抓好财政政策的有效性，保证其有效实施。

然而，从我国目前的经济发展状况来看，财政政策的实施受到体制、机制因素的影响，因此保证财政政策的有效实施，需要从推进统筹中央与地方财政关系、完善债务管理制度、强化预算管理与监督机制等方面出发，为财政政策的有效实施提供良好的市场环境。

一、完善税收制度，增强税收的公平性

从当前社会来看，企业和居民普遍感受到税收压力，这与中国的税制结构有关。要改变这一局面，就需要根据我国的社会现实，加快税制改革，充分发挥税收在收入分配中的调节作用，促进国民收入分配更加合理。

（一）推进资源环境税费综合改革，加快经济发展方式转变

推进资源环境税综合改革，就是要改革资源税的征税方式，加快排污费转税，并以此作为税费改革的重点。同时，对现行资源税征收项目，可适当提高相应税率，在原征收范围的基础上合理扩大征收范围，整合矿产资源补偿费，积极推进排污费向环境税的改革，积极引导资源有效流动，大力推进经济结构调整和发展方式转变。

（二）加快推进个人所得税改革，健全完善所得税制度

加快实施收入申报制度，建立完善的收入信息监控体系，加强货币管理，

努力创造有利于推进个人所得税改革的良好条件。此外，还应积极推进综合申报与分类扣除相结合的个人所得税改革，根据家庭基本情况，加快建立和实施项目扣除，扩大累进税率范围，整合劳动报酬收入、特许权使用费收入、所有财产转让收入和其他收入，使其均适用利息、股息、红利、财产租赁综合累进税率，强化收入分配调节功能。

二、深化财税体制改革，统筹中央与地方财政关系

一些地方政府的债务正在迅速扩大，这与当前中央政府和地方政府之间不合理的财税制度有关。基于此，要加快中央与地方财政关系的制度协调，深化税制改革，增强地方财政收支平衡调节能力，减轻地方政府财政支出压力，增强政府组织收入能力；完善财政转移支付制度，增强政府财政保障能力。在促进中央与地方关系的同时，提高财政透明度，积极创造有利于增强财政可持续性的制度环境。

1. 适当转移部分行政权力的支出责任，减轻地方财政支出压力

调查显示，目前地方政府收入的 60% 主要用于教育、医疗和社会福利。虽然地方政府财政收入的一半以上来自中央或省级财政转移支付，但地方政府的财政支出压力仍然很大，这不仅会制约地方财政的可持续发展，也会推迟相关地方公告服务的支出，特别是当中央或省级单位对公共服务支出标准提出更高的要求，使基层政府的财政支出雪上加霜时，只能依靠上级财政的转移支付。

因此，为了缓解基层政府的财政困境，有必要适当转移基本公共服务的支出重点，即重新划分重点领域的支出责任，调整三级政府财政结构，从中央到省再到省以下，财政支出结构比例控制在 3 ∶ 2 ∶ 5，从根本上缓解基层财政支出压力。

2. 深化税费制度改革，提高地方政府组织收入的能力

随着社会的不断发展，我国也加快了推进税制改革的进程，不断向减少非税收入方向发展。然而，非税收入的不断减少意味着税收收入的不断扩大，

这对以非税收入为主的地方政府来说是不利的。

对于中国政府来说，营业税和增值税在其预算收入中占很大比例，增值税改革使地方政府的营业税收入趋于纳入增值税，这将直接导致地方政府税收组织能力的弱化。在此背景下，地方政府应加快完善地方税收制度，从提高政府收入组织能力的层面上促进地方财政结构的合理性和稳定性，以确保财政的可持续性。特别要深化税制改革，加强房地产税制改革。为了顺应地方税制发展的大趋势，政府部门应加快培育以地方政府为主体的税收。

房地产税制的完善将有助于改变地方财政对土地的过度依赖，从而提高地方财政自身收入的组织能力。具体而言，政府需要从区域实际出发，以国税概念为基础，统一房地产税的税基，改变现行的基于账面价值或市场租金的选择性税基，根据房地产的评估价值进行计算和征收，实行严格统一的房地产税收减免制度；逐步将城市土地使用税和耕地占用税纳入房地产税，进一步完善房地产税制，突出房地产税对社会财富的调节作用，积极培育地方政府的主要税种。

3. 完善转移支付制度，增强地方政府财政支持能力

从经济学角度看，财政转移支付在财政支付中起非常重要的作用，即通过构建完善的转移支付体系，无论是从纵向金融，还是从横向金融，无疑是弥补其财政资源不足的有效手段。特别是在我国这样一个地域差距较大的国家，建立科学、合理、透明的转移支付制度的现实意义更加明显和突出。它不仅有助于缩小地区之间的财政差距，而且能够满足基本公共服务的支出需求。

（1）统一和规范一般转移支付资金分配制度

完善转移支付制度，要规范和整合现有的一般转移支付项目，稳步扩大平衡转移支付资金规模；此外，还要加快基于基本公共服务均等化的研究，研究制定相应的量化指标体系和实施标准，科学规范地确定影响因素和权重；在此基础上，针对机构资金转移问题，从平衡的角度不断改进和优化分配方式；努力推进地方财力均等化，为基本公共服务均等化奠定良好的环境机制。

（2）加强专项转移支付资金的拨付和管理

规范专项转移支付，首先要清理相关专项转移支付项目，妥善整合转移支付政策，建立规范透明的资金分配制度。同时，要赋予地方政府一定的财政自主权，因地制宜地调整财政资金支出范围，积极推进专项转移支付资金的使用和管理，最大限度地提高资金使用效率。

三、建立规范的政府债务管理与监督制度

在我国，政府债务，特别是地方政府债务被视为金融风险的具体表现形式，也是经济发展中需要面临的长期问题。随着新一轮税制改革，这一问题也在扩大。

在实施新财政政策的过程中，融资手段的形式更加丰富和灵活，主要包括大规模发行国债、中央发行地方债券和地方政府债券等，利用融资平台增加公司债、中期票据等各类债券的发行规模，扩大信贷供应规模等，从经济稳定的角度来看，这些手段的运用无疑发挥了重要作用。但不可否认的是，在促进经济复苏和稳定的同时，也不可避免地带来地方政府隐性化，或有债务规模加速扩张、金融风险骤增等问题。因此，为了最大限度地保证财政的可持续性，必然要加快建立规范的政府债务监管体系，在一定程度上约束和规范各级政府的借贷行为。

中国现行预算法明确规定地方政府不得举债。然而，在现实中，一些地方政府仍然没有完全遵循这一规定，而是通过其他渠道举债，如成立融资平台公司。这种做法虽然违法规范，对政府债务管理极为不利，但也是地方政府的最后手段，反映了加快税制改革的必要性。有鉴于此，首先要推动预算法的修改，赋予地方政府合法的财政地位。

从我国社会经济的现状来看，特别是税制改革的实施，地方政府融资的有限开放是由社会造成的。一方面，现行的分税制已成为开放地方政府融资的经济基础。目前，省以下各级地方政府承担着大量的权力和支出责任。随着工业化和城市化进程的加快，地方政府的权力不断扩大。特别是公共基本建设项目跨期融资的特点，对地方政府提出了融资需求。同时，社会经济的

不断发展为地方政府收入的增加提供了可能，但同时也伴随着对地方政府债务承受能力要求的不断提高，这已成为地方政府融资的前提。

另一方面，地方政府融资的自由化程度有限。中国是中国共产党领导的统一国家。中央政府是地方政府债务的“最终付款人”。从这个层面上讲，它应该承担地方政府债务管理的责任。此外，在我国经济体制转轨时期，地方政府的监督管理体制还不完善。如果地方政府的融资不受控制，将不可避免地导致债务膨胀和金融危机。

因此，有限开放地方政府融资是必然的。其意义主要体现在以下两个方面。第一，中央政府负责监督和管理地方政府的债务融资。第二，根据社会经济条件决定是否开放融资，建立比较完善的制度建设，鼓励其蓬勃发展。

债务融资应成为地方政府首选的融资工具。债务融资作为一种规范化的债务融资工具，因其自身的优势和特点（如融资量大、期限长、成本低、自主性强等），应成为地方政府借款的首选方式。从地方政府债务融资来看，发行人自主性强，可以结合自身实际灵活选择债券的期限、金额和利率，有效解决项目建设期与收益期不匹配的问题。同时，债务融资的低利率和融资成本锁定可以有效节约建设成本；债券市场化运作有利于控制偿债风险；债券的强流动性不仅可以达到融资的目的，还可以降低投资者的投资风险。

从融资市场结构来看，应该鼓励地方政府的融资行为，大力推动债券市场的发展。一方面，当前地方政府债券融资主要依靠银行贷款，这种融资模式容易导致金融风险向银行风险转化；另一方面，在债券市场的构成主体中，地方政府是不可忽视的一部分，地方政府债券市场的发展并不完善，甚至是中国证券市场发展的“短板”，其发展滞后已成为影响投资者投资选择的直接原因，从而阻碍了证券市场的持续良性发展。

建立适合中国国情的国债规模预警标准。我国城市化进程的加快，在一定程度上促进了政府债务，特别是地方政府债务的发展，使其逐渐成为影响我国金融安全的重大隐患。要尽可能消除这一隐患，就必须充分考虑中国经济社会发展的实际情况，立足中国经济金融体制，根据当地实际情况，建立适合中国实际国债规模的预警标准。

（1）全国政府债务规模的警戒设置

在国际一级，尽管欧洲联盟为 3% 的赤字和 60% 的债务负担制定的一套指标不符合我国的社会经济现实，但可以作为我国政府关于其债务数额的资料来源，即监测指标。赤字指标应根据公共债务负担指标和名义经济增长率来计算。

按照这个方法，考虑到国内生产总值的实际增长率和过去十年 CPI 的变化，未来十年的公共债务总额和经济增长率必须保持在 39.8%。过去二十年，采用有关的评估模式，主要以 7% 至 9% 计算，平均以 8% 计算，通货膨胀率为 3%，下一个十年的名义通货膨胀率为每年 11%。

但考虑到国家经济社会的实际发展，今后十年，我国仍将处于城市化条件下的加速发展阶段。

从我国宏观调控和体制改革的需要出发，充分考虑我国统一的金融体制，同时，根据当前中央政府低负债的实际情况，目前还不需要确定中央政府债务的标准。

对于处于经济转型关键阶段的我国来说，在后危机时期的国际经济发展结构的调整中，公共部门的宏观经济调控对于确保国民经济的可持续发展显得尤为必要。此外，根据我们的具体政治制度，中央对地方政府负有不可推卸的责任，尤其重要的是，要确保在关键时刻，其重建职能得到充分履行，给予完全的还债自由。

（2）地方政府的债务规模警戒设置

上文阐述了中央政府债务规模警戒标准暂不需要设置，但对于地方政府来说，设置债务规模警戒标准是极有必要的。在设置中，需要在对国外先进经验加以借鉴的同时，结合地方政府的债务实际，制定出一套有针对性的、适合我国国情的地方政府债务规模警戒标准。

在地方政府无力偿还债务的情况下，基于单一制国家体制的现实，中央政府对地方政府债务有着不可推卸的“兜底”责任。当地方政府债务规模过大，超出一定范围时，就会直接影响财政安全，不利于财政风险的防范。为此，有必要采取行之有效的相应措施，来限制地方政府债务规模的过快膨胀。

同时，要保证政府债务警戒标准的设置满足低层级低于高层级政府的规律。

从地方政府债务警戒标准设置所选取的指标来看，鉴于地方政府债务存量较大，有的甚至已超出警戒标准，如果不加以区别地限制地方政府举债，那么对于债务存量过大的地方政府，极有可能出现新的地方隐性负债不断上升的情况，这将更不利于债务管理。因此，地方债务警戒标准的设置不能一刀切，而是要综合考虑，权衡利弊，兼顾债务存量及债务增量。而将二者有效结合的，便是负债率与赤字率两项指标。

四、强化预算管理与监督机制

受传统财税体制的影响，我国政府的经济资源受人为分割影响较大。主要表现为政府中的主要部门凭借自身权力，对资金的分配和使用有着较大的决定权。人为因素的过多干预，不仅影响政府经济资源的整合能力，也在一定程度上影响了财政风险的控制。为此，需要加快推进预算体制改革，强化预算管理与监督机制，提高预算完整性和透明度。

在积极推进预算体制改革的进程中，首先是要加快建立相对独立的国家预算、国家资本管理预算、社会保障预算等。必须有效地协调预算，增加预算之间的合理资金流动，加强国有经济资源整合能力，防范金融风险。

1. 全面推行绩效预算，提高资金使用效率

扩大预测范围，覆盖全国尽可能多的地区，评估预算项目支出，确保预算的真实性、合理性和科学性，加强项目支出控制和后续绩效评估，逐步建立健全科学手段专项考核机制。

2. 建立预算编制、执行和监督“三权分立”的制衡机制

预算管理是公共行政的一个重要组成部分，而且在选择预算管理模式时，应该从目前的金融部门转向包括政府预算部门，以及决策监督和审计机构、媒体和广大纳税人，并将预算编制与执行分开，建立平衡的预算管理制度，促进资金使用的合理化和金融稳定。

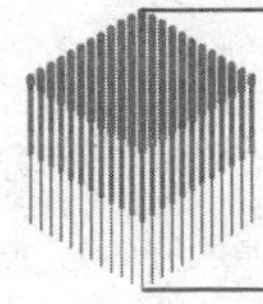

第八章　投资政策

第一节 投资理论概述

一、投资的类型

投资作为一种重要的经济行为，在国民经济中的形式也不是唯一的，而是存在多种资本形式，由此也使得投资支出的形式同样具有多样性。常见的投资支出领域有以下几种。

一是固定资产投资，主要用来度量企业用于厂房和设备上的开支。在我国，政府投资所占比重较大，主要用于道路、交通、水、电等基础设施领域。因此，固定资产投资的含义及范围都已超出微观企业行为的范畴。

二是存货投资。存货是企业所持有的原材料、半成品或者成品的存量。这种形式的投资行为，原指既定时期内商品存量的变化。一般来说，存货上升构成正投资，存货下降则是投资缩减的一种形式。

三是住宅建设投资。这种投资形式主要用于建筑领域，包括房屋维修和建造新房的开支。需要注意的是，一个家庭从另一个家庭购买现有房屋的行为，从宏观上来看并不能视为投资。这是因为从经济整体来看，资本存量没有发生变动。

理解投资的前提是需要从宏观层面区别总投资与净投资。多种形式的资本倾向于随着使用时间的推移而磨损，其中一部分投资用于补充折旧的资本，另一部分则用于增加资本存量。经济学中，将投资的总体水平称为总投资，而净投资则是用于增加资本存量的那部分投资。用公式 8-1 表示总投资和净投资的关系。

$$I=J+dK \tag{8-1}$$

其中：I——总投资；J——净投资；d——折旧率；K——资本存量。

净投资等于资本存量的变化，用公式 8-2 表示。

$$J=K_{+1}-K \tag{8-2}$$

结合以上两式，得出资本积累公式 8-3。

$$K_{+1}=(1-d)K+I \tag{8-3}$$

二、基本的投资理论

通常，大多数投资都是企业而非家庭承担的，尽管也存在一些家庭对耐用消费品和人力资本的投资。我们允许家庭把部分产出用于未来消费，使消费低于产量，并积累起等于现在储蓄的金融资产。决定家庭是否投资的关键在于其是否认识到购买资本商品是将消费在不同时间配置的另一种方式，家庭或家庭拥有的企业可以不投资金融资产，而是去购买投资商品，以增加未来消费的可能性。

对于家庭来说，可以通过增加金融资产或通过增加资本存量的方式，将当前的购买力转换到未来。这也就意味着，如果通过购买金融资产在未来有更高的收益率，那么投资支出就会增加。

（一）总量生产函数

采用古典模型的总量生产函数，在不考虑价格水平变动的任何影响的前提下，假定决定产出的只有供给一个因素，而与总需求的变动无关，那么总量生产函数可表示为式 8-4。

$$Q=Q(K,L) \tag{8-4}$$

其中：K——总资本存量；L——投入的劳动量。

假定资本利用率是一个常数，可归纳出总量生产函数的特征如下。

其一，随着资本及劳动投入的增加，相应的产出也会增多。这也就意味着资本的边际产出（MPK）和劳动的边际产出（MPL）都是正相关的。

其二，在一定条件下，生产要素与边际产出成反比，也即当给定生产要素的数量时，每一种生产要素投入越多，其边际产出就越低。在劳动数量给定不变时，资本投入增加会导致资本边际生产率的递减。

相比较而言，数量给定不变的劳动，因为其支配的资本设备增加，劳动生产率可以是增加的。这也是中国近年来的情况，由于投资的大规模增加，劳动生产率是增长的，但是资本的使用效率快速下降。

（二）家庭的投资

家庭可通过在金融市场上以利率 r 借出货币，也可进行投资以增加未来产量。如式 8-5。

$$Q_1 - C_1=B_1+I_1 \quad (8\text{-}5)$$

公式表明，储蓄即收入（Q_1）与消费（C_1）之间的差额，可以在债券（B_1）和资本投资（I_1）之间进行配置。可供消费的资源有产出 Q_2 和来自债券投资的本息（$1+r$）B_1，如式 8-6。

$$C_2=Q_2+(1+r)B_1 \quad (8\text{-}6)$$

将式 8-5 改写为 $B_1=Q_1 - C_1 - I_1$，再代入式 8-6，整理可得到家庭的跨时期预算约束如式 8-7。

$$C_1+C_2/(1+r)=(Q_1 - I_1)+Q_2/(1+r)=W \quad (8\text{-}7)$$

式 8-7 与式 8-2 非常相似。可供现在和未来消费的资源或财富 W，定义为现在和未来的产出减去投资支出。

通常，家庭的跨时期选择可分为两步。首先，选择投资量 I_1，保证总财富最大化。确保投资的前提是资本的边际生产率大于 $1+r$。

根据式 8-7 的财富定义 $W=(Q_1 - I_1)+Q_2/(1+r)$，可得出投资增加一单位时财富的变化公式 8-8。

$$\triangle W- 1+\text{MPK}/(1+r) \quad (8\text{-}8)$$

只要 MPK>（$1+r$），增加投资应能使财富增加；MPK<（$1+r$）时，增加投资会导致财富减少。

因此，在资本的边际产出与市场利率相等时，即 MPK=l+r 时，家庭实现财富最大化。

其中 $1+r$ 是资本成本，使财富最大化的投资水平就是使资本边际产出等于资本成本的水平。

考虑多时期的场合，需要在资本成本中引入折旧率去替代数字 1，基于此，实现家庭财富最大化，需要满足以下条件，如式 8-9。

$$MPK+1=d+r \tag{8-9}$$

投资取决于对未来资本边际生产率的判断。但是，存在于现代经济中的商品不胜枚举，任何一种商品的生产，其未来的需求及影响其生产过程的无数不确定条件直接决定了该类商品的边际产出，并且投资的前提是需要对未来一定时期内的市场或商业条件做出判断，由此可以看出，投资的过程存在许多的不确定性，而且投资的变化还受到对未来预期变化的影响。

对未来的预期，可以来自商业条件的证据，包括消费需求模型、民意调查和可观察到的需求和技术的变动；也可能来自不明确因素造成的对整个经济的乐观主义或悲观主义思潮。凯恩斯认为，许多投资的变动反映的是并非基于经济中根本性变化的信心波动。"这些决定只能看作是动物精神——一种想做而不想不做的不由自主的冲动的结果。"

（三）基本理论的扩展

1. 现实经济中企业是与家庭分离的

企业决定了生产的过程。当企业与家庭分离后，每个企业都需要通过发挥自主性以促使企业市场价值的最大化。从一般的经济理论来看，这种市场价值等于对股东未来红利支付的贴现价值。因此，以家庭投资决策原则为依据，就可使拥有该企业的家庭实现财富的最大化。

2. 企业必须缴纳各种税收，并接受各种补贴

税收与补贴是影响企业最佳投资决策的因素。哈佛大学的戴尔·乔根森（Dale Jotgenson）和斯坦福大学的罗伯特·霍尔（Robert Hall）最先对税收对投资决策的影响进行了研究。在此之后，劳伦斯·萨默斯（Lawrence Summers）也对这一方面展开了研究。

假设对企业利润征税，税率为 t，由此增加一元投资的边际产出就成为 MPK（$1-t$）。另外，再假定对企业实行各项税收优惠，如减免投资的税收，加速折旧安排，以及利息成本的税收抵扣，等等。如果将这类税收节约或补贴设定为投资品价格的一个比例 S，那么增加一元资本存量的税后成本就是（$r+d$）（$1-S$）。

因此，使企业价值最大化均衡的投资水平应如式 8-10 或者 8-11。

$$MPK(1-t)=(r+d)(1-S) \tag{8-10}$$

$$MPK=[(1-S)/(1-t)](r+d) \tag{8-11}$$

如 $S>t$，将产生正激励，调整后的资本成本更低，投资规模更大；如 $S<t$，就会产生负激励，导致企业投资减少，因为调整后的资本成本更高了。另外，值得注意的是，如果税收被用于资助提高投资生产率的公共支出，那么它就能间接地激励私人部门的投资。比如对道路的公共支出越多，就越能使交通运输设备的投资增加。由此可以看出，并非公共部门越少，税收越低，就一定越能激励更多私人部门投资，重要的是看税收如何被利用。

3. 投资的加速数模型

加速数模型讨论了产出变动存在对投资的影响。投资实践表明，投资变动与总产出的变动有着一定的关系。加速数理论假定，企业意愿的资本存量与其产出水平相互间存在一种稳定的关系，即当产出加速增长时，投资就会增加。总投资用公式 8-12 表示。

$$J=h(y_{+1}-y)+dK \tag{8-12}$$

该理论可用于解释市场的开拓或市场需求的增长对生产性投资的拉动作用。同样，也适用于我国政府赶超冲动或追求 GDP 增长所驱动的投资增长。但不可否认，该理论自身也存在以下的局限性。

一是假定意愿资本与产出水平之间的比例是固定不变的，而实际上两者的相关系数是利率等于资本成本的函数。当利率上升时，可能出现资本被劳动替代的情况，从而改变资本与产出之间的比例关系。

二是假定投资可以使实际资本存量与意愿资本存量相等，而实际情况是调整资本存量是存在成本和时滞的。

三是假定产能处于充分利用水平。但是存在过剩产能的场合，产出增长只是提高产能利用率而无需增加投资。

4. 调整成本模型

成本模型主要是对于资本存量调整的成本和所需时间的分析。在针对资本存量的实际水平与意愿水平是否相等的问题时，该模型理论否定了加速数模型的假定，认为二者并不总是相等的。企业需要大量时间来计算和安排“意愿的”资本水平，如投资建议需要可行性研究、市场营销分析和财务协调等。在做出投资决定后，还需要投入大量时间用于新工厂建设、机器设备安装、人员培训等。一些研究给出的结论是，在一个给定年度内，实际资本和意愿资本的缺口，通过投资加以弥合的不超过 1/3。因此，调整成本模型的投资函数通过以下公式 8-13 表示。

$$J=(K_{+1}-K)=g(K_{+1}-K) \quad (8\text{-}13)$$

其中，$0<g<1$，g 或调整速率的大小由资本存量偏离意愿水平的成本与投资增速过快的成本之间的平衡决定。

在企业对自身的生产技术信心不足，或在资本固定的情况下对生产产出没有把握时，企业从利润最大化角度也会选择对资本存量进行逐步调整。

5. 托宾 Q 理论

该理论主要分析了股票市值对企业资本存量调整的影响，是由 1982 年的诺贝尔经济学奖获得者耶鲁大学教授詹姆斯 • 托宾（James Tobin）提出的，也被称为 Q 理论。

该理论可表述为企业的股票市值除以企业资本的重置成本。资本的重置成本主要是用于在市场上购买企业厂房和设备的费用。因此，Q 是通过金融市场获得该企业的成本与在产品市场上购买该企业资本的成本之间的比率。

当 Q 大于 1，意味着意愿的资本存量大于实际的资本存量，这种情况下应该适当增加投资；而当 Q 小于 1，则应该适当减少投资。对于上市公司来说，获取股票市值很容易。资本的重置成本是现在复制同一家公司的生产能力所需的成本。通过以上的分析可知，Q 大于 1 时，意味着企业应该扩张，因为市场定价高于成本；反之，Q 小于 1，企业就应收缩。这是因为，资本成本已超出市场定价，这时对于企业来说，扩张不可取，而是应该选择保守的方式，随着折旧的发生减少企业的资本存量，或者将设备卖掉，回购股票注销。

在现实经济中，影响投资的因素是多方面的，其中产出与现金流量等也是不容忽视的相关因素，对于非上市公司，Q 理论能完全适用。

6. 信贷配给理论

该理论讨论了融资条件对企业投资的影响。也就是说，如果企业信贷是配给的，那么不仅市场利率和投资盈利性会对投资率产生一定的影响，而且可供投资资金的可获得性也是起决定作用的因素。通常，资金的可获得性本身在一定程度上取决于企业的现金流量。

造成信贷配给现象的原因可归纳为两点：一是政府的干预。政府对企业贷款利率上限有明确规定，使利率低于市场均衡利率，投资需求大于储蓄的供给，有借款投资需求的企业受到配给的限制。二是不确定性风险差异。从现实情况来看，对于银行来说，准确评估企业的具体风险难度很大，银行只能依据可观察到的特征进行评判，但这种方式存在一定的贷款风险。

通常，银行会根据企业的经营规模对其进行评估，经营规模就成为银行经常使用的风险信号，相较于大公司，中小企业，尤其是小企业获取信贷的难度要大得多。除此之外，银行也会根据企业净值的大小进行综合衡量，决定是否对企业实施信贷。特定企业的权益总值越高，其信贷受到配给限制的可能性越小。

总而言之，信贷配给与调整成本一样，成为资本存量缓慢趋向意愿水平的原因。

第二节　经济转型期影响产业投资结构的因素

一、产业投资结构的概念

投资结构是经济结构的重要组成部分，从概念上来看它是社会投资通过分配过程，在特定使用系统内形成的数量比例关系，其所反映的是一定时期内，社会投资在不同空间，如经济空间或地理空间组合运用上的格局。

对于我国市场经济来说，社会投资总量主要通过市场机制调节的方式，由要素市场进行分配，同时还会辅以计划、行政的方式，实现社会投资总量在不同行业、领域及部门的分配。构成投资结构的内容包括投资的流向及数量比例关系。某一时期内，社会投资的方向，以及投资数量的多寡，能够从一定程度上反映出不同要素所占投资比重，这些要素一般包括投资主体、产业结构、地理空间等；与此同时，也反映出一定时期社会投资来源与运用的均衡状态和侧重点，反映出不同角度确定的投资使用系统中各组成部分之间的相互联系。

产业投资结构是推动经济结构演进的重要力量，它对于经济社会中与经济相关的各个方面都有一定的影响，如影响经济建设、产业结构、部门结构，甚至影响生产力布局。由此可见，只有不断促进投资结构的优化，才能在稳定投资效益的基础上，促进国民经济的可持续发展。

二、影响产业投资结构的主要因素

影响产业投资结构的因素是多方面的，也就是说，在社会经济的运行中，产业投资结构的形成和变动是受到多种因素制约的。笔者尝试从以下几个方面具体分析。

（一）社会需求结构

在市场经济背景下，社会投资在很大程度上受到社会需求结构的影响，可以说社会需求结构对投资行为具有较强的导向作用。

从宏观层面来看，国民经济各产业部门与社会需求结构间，必然存在一种相适应的比例关系。在经济发展中，社会需求结构是一个变量，处在不断的变化之中，不同时期的社会需求结构是不同的，而要保持产业结构与社会需求相适应，就需要对投资结构做出相应的调整，使其随着消费结构的变化而变化。

从微观层面上说，需要坚持以市场需求为导向，结合经济发展和城乡需求结构变化的趋势。一方面，通过筛选，淘汰过时、落后的生产能力，取缔严重过剩、不适应市场需求的相关产业、产品的生产；另一方面，及时更新，主要是加快发展与市场需求相适应的行业和产品，培育具有良好潜在市场前景的产业和产品。这不仅符合市场经济运行规律，同时也是判断产业投资结构合理性的根本标准。

（二）现存的产业结构

产业结构与投资结构是相互联系的，产业结构在一定程度上直接受到投资结构的影响，而投资结构决定并制约着产业结构。在现代经济中，现存的产业结构决定了投资流量，这也就意味着我国市场经济结构中，现有的产业发展现状直接决定了投资规模和投资方向，具体表现如下。

1. 现存的产业结构决定了投资品供给能力

产业投资是经济发展中不可或缺的组成部分，而在产业投资活动中，不可避免地会消耗一定的投资品，而这些被消耗的投资品是由各产业部门生产、提供的，由此可以看出，投资品在数量和构成上都会对投资结构形成制约。

合理的投资结构形成的前提是要保证产业结构合理、产业发展协调、投资品供应充足，并且能够满足各种投资需求。否则，投资需求会受到不同程度的抑制，对投资结构的合理化造成阻碍。

2. 现存的产业结构决定了社会的需求总量和需求结构

在市场经济结构中，当前的产业结构，不仅决定了投资品的供给，还决定了直接消费品的总量和结构。当某一商品的社会需求小于供给时，通俗地讲，即供大于求时，会直接造成物价下跌，那么此时该产业的平均利润率就会下降，甚至会出现部分企业亏损的局面。当产品价格跌到企业盈亏平衡点时，对于企业来说，已无力扩大生产规模，甚至有可能退出该产业部门的生产，这就意味着对该类产品生产投资的缩小。而当产品的需求大于供给，即供不应求时，情况正好相反。

（三）经济资源状况

投资活动是一个双向的过程，一方面，代表着固定资产的形成，另一方面，又意味着经济资源的耗费。不同资源结构，都会在一定程度上对投资产生一定的影响，这些资源类型包括自然资源、再生产资源和劳动力资源等，它们影响并决定着投资的分配。与此同时，各产业部门投资比重的大小，也受国家各种经济资源的制约。

（四）技术进步

科技是生产力变革的重要力量。当今社会，已然进入以新技术驱动经济发展的时代。现代技术的发展，成为推动投资结构变化的关键。科技的发展在推动经济发展的同时，也带来了社会供需结构的变化。

从需求层面来看，随着现代技术的进步，人们的消费观念、消费对象和消费方式发生了翻天覆地的变化，新的消费需求被不断创造出来。

从供给层面来看，科技的进步直接带动了生产力的变革，也在一定程度上推动了生产对象、生产方法和生产方式的创新，从而在促进劳动生产率提高的同时，也大大降低了生产成本。

（五）国际投资的影响

随着我国对外开放政策的深入，与国际接轨的步伐不断加快。尤其是经济全球化的发展，使世界各国的联系更加紧密。决定一国产业的对外开放政策及开放程度的关键因素，在于外商对该国的直接投资结构。

在全球化的背景下，国际投资的影响越来越明显，作用也越来越大，而这又主要通过跨国公司的作用体现出来，跨国公司已成为影响一国产业结构的活跃的经济主体。

第三节　政府投资政策转变及其影响

一、政府投资体制改革阶段的成就

1978 年 12 月，十一届三中全会成为中国经济史上的重大转折点，国家开始全面进入改革开放新阶段。与此同时，这也预示着我国开始转入以经济建设为中心的时代。

这一时期，为了推动国民经济社会的发展，充分发挥国民经济的引领作用，投资体制改革被视为党和国家工作的重心，同时也出台了一系列政策和措施，并取得了一定的效果。笔者尝试从以下几个方面进行具体分析。

（一）破冰阶段（1979—1984 年）

这一阶段最大的变革在于突破了投资决策权的主体限制，变单一的中央政府决策权为多元共生的投资主体，即突破了“统收统支”的财政体制。与此同时，这一阶段也突破了投资资金仅来源于中央财政资金的限制，资金来源渠道开始多样化。在这样的环境背景下，中央政府也将部分投资决策权下放，开启了引进市场机制的尝试工作。

这一时期，政府投资体制改革取得的成就如下。

1. 投资主体由单一到多元

我国投资主体不再只是中央政府，一些地方政府开始以投资者的身份逐渐参与市场投资。中央和地方的财政关系不再相互掣肘，而是被逐步调整为相对独立的经济主体。1980 年，我国经济打破了固有的“一元化”财政体制，也是从此时开始，我国在全国范围内实施“收支两条线”和分级报告的财政体制改革。政府投资的权力初步在中央和地方政府之间划分。这意味着地方政府获得了更大的财政自主权，主要是对财政收入的“剩余控制”。预算内资金和预算外收入作为流动性财政资源，已成为地方政府投资的重要资金来源。

1984 年，随着一系列政策法规的颁布，审批流程不断简化，强制性计划的范围也不断缩小，地方政府的投资自主权不断扩大。

2. 政府投资方式更加科学

改革开放以来，虽然仍然以政府投资为主，但投资方式发生了极大的变化，投资决策更加科学。我国政府开始以经济效益作为目标，在全国范围内推行“拨款贷”的试点工作。

1979 年，国务院批准了《关于基本建设投资试行贷款办法的报告》和《基本建设贷款试行条例》，破除投资资金的无偿性使用，以法律形式规范了借贷市场；1984 年，《建筑业和基本建设管理体制改革方案》的出台，进一步明确了资金的有偿使用原则，这些都为投资方式的科学化奠定了基础。

1983 年 2 月，为进一步提升投资决策的科学性，国家计划委员会出台了

《关于建设项目进行可行性研究的试行管理办法》，推行“拨改贷”，引入可行性研究制度。伴随着这些政策的落实和工作的推进，我国政府投资责任制度的雏形初步确立，我国逐渐开始重视科学实用资金。

3. 缩小政府投资范围，引入社会投资力量

伴随政府投资决策的科学化，在具体的决策过程中，政府的决策观念发生了很大的转变，开始下放权力，有意识地逐步退出一些市场机制可以发挥作用的领域，积极引导社会投资力量参与，国有企业、外资企业、乡镇企业、城市个体工商户等新的社会投资主体也逐步发展起来。

（二）探索阶段（1984—1991 年）

为进一步改善投资制度，国务院于 1988 年通过了《关于投资管理体制的近期改革方案》，这预示着从计划经济向市场经济的转变，也标志着我国投资体制改革进入一个新的发展阶段。现阶段取得的成就也相当可观，主要包括以下几个方面。

1. 投资决策权进一步下放

（1）明确了中央及地方政府的投资范围

在国务院制定的改革方案中，对中央政府和地方政府的投资范围进行了初步划分，明确了要分为中央、省（自治区、直辖市）两级的主要产业和基础设施，以及两级控制，其重要作用是在某种程度上缓解中央政府投资过多和资金分散的问题。在明确责任的基础上，中央承担国家一级的重大建设项目，地方政府承担地区真正的水平。

（2）区别管理投资项目

根据资金来源，国家在政策和指导的基础上分配基本建设项目。这些项目主要是在国家层级实施的，包括在国家预算范围内通过提供贷款进行的基本建设投资项目，由国家信贷计划管理的基本建设贷款投资项目，吸引外国政府贷款的项目和国际金融组织的贷款安排。同时，管理项目主要是在地方政府一级或地方一级选定的项目，通常包括项目，地方政府和各部通过自筹资金和项目进行投资，在国家限额内，设想了以下项目，通过特别信贷项目

为现代化引进和技术更新的投资提供资金。

2. 进一步移交项目审批权

国家加强了项目审批权力的下放，将用于技术改造、实施和开发其他授权项目。授权项目投资从 1000 万元增加到 3000 万元。针对这一方面，委员会注意到，联合国开发计划署（开发计划署）和联合国儿童基金会（儿童基金会）的自愿捐款从 1000 万美元增加到 1000 万美元。此外，政府还免除企业参与投资决策，鼓励企业在法律和政策允许的范围内，灵活地准备资金和物资，并对投资收益拥有自主权，鼓励企业成为投资活动的整体结构。

在这种背景下，投资者的多元化开始显现，国有企业、乡镇企业和个人投资者的数量迅速增长，成为公共投资的有益补充。

3. 政府投资的融资渠道逐步拓宽

随着资金来源渠道的多元化，政府决策的可配置资金也更加充足。

（1）国家针对基础产业设立专项建设基金

这类基金一般由建造业银行提供资助及监管，而建造业银行会按照经济发展的惯例制订计划，因此为解决基础设施和基础设施融资不足之间的矛盾，国家制定了一系列经济发展信托基金。例如，石油、电力、邮政、交通、铁路、民航等领域的建设专项资金，有效地促进了这些领域的基础设施发展。

（2）金融机构的融入

这尤其反映在以建造业银行为代表的专业银行集团及信托投资公司。这些机构依靠自身的基金和信托基金，实现资金渠道多元化，资金规模扩大。

4. 初步确立宏观经济调控体系

（1）政府——宏观管理者

在全球化背景下，市场化改革不断深入。与此同时，我国经济市场的投资主体、投资形式和投资来源愈发多元化，政府的决策理念也发生了一定的转变。政府不再直接控制宏观经济体系，而是以宏观管理者的身份出现。

1985 年，政府在投资管理体制改革的计划中明确了这一角色身份，仅指导控制非中央政府直接控制的活动。同时，调整并确立了适用于综合的、需重大建设的、长期的国家计划。

（2）产业政策——投资宏观调控体系的核心

1989 年，《国务院关于当前产业政策要点的决定》中明确了产业发展的顺序，以此为基础，明确了各产业领域应该支持和限制的产业。这一文件是我国确立宏观经济调控目标的依据，也是我国政府指导建设国民经济产业的重要引导方向，在投资宏观调控体系中占据核心地位。

（3）税收——投资方向的重要引导

1991 年，中华人民共和国国务院颁布的《中华人民共和国固定资产投资方向调节税暂行条例》确定了政府行使基本经济管理职能的形式为税收形式。在以国家产业政策为指导的前提下，在投资项目的经济规模的基础上，这一文件再通过推行差别税率来调整宏观投资方向，从而实现投资结构的优化。可以说，这是国家层面对于宏观经济调控的又一创新性尝试。

（三）步入正轨阶段（1991—2003 年）

1992 年，邓小平南方谈话确定了社会主义经济体制改革的道路，并将解放生产力推到首要位置，极大地促进了改革开放。同年，党的十四大正式确立我国的经济体制改革的具体目标为社会主义市场经济体制改革。在此阶段，我国投资体制改革的成绩主要表现在以下几个方面。

一是再次深化投资决策权。1993 年，中国共产党中央委员会就社会主义市场经济体制改革中存在的问题发布相关文件，以指引宏观经济的发展方向。针对不同的投资者，相关文件划定了不同的投资范围，将投资项目明确地分为竞争性、基础性和公益性三类，并实现了政府投资与社会投资的分离。其中，政府投资重点针对基础性项目和公益性项目，而社会投资主要指企业自主进行的竞争性投资项目，这类投资项目往往需要银行承担投资风险。在此基础上，社会投资将企业作为主体，在国家产业政策的引导下完成企业投资。与此同时，废除行政审批制，以登记制取而代之，在市场化的作用下推动投资活动和融资活动走向市场。

对于一些基础性设施项目的投资，需要创造更具有吸引力的条件，从而带动更多的投资者参与进来，促进地方政府对非竞争性基础设施产业和公共设施的投资，扩大投资审批权。从国家层面看，适用于国家投资管理的重大项目应以国家宏观调控的总体目标为基础，遵循国民经济和社会发展的总体规划要求，引进国家开发银行等政策性银行，充分发挥市场机制的作用，通过财政、金融等多种渠道筹集项目所需资金。社会福利项目建设要按照中央和地方政府的权限进行，有针对性地统筹安排，广泛吸收社会资金。

二是深化投资体制和融资体制的改革，拓宽投资的来源渠道。

三是在推进政府投资体制改革过程中，成立专门从事投融资的开发银行，其职能是发放政策性固定资产投资贷款。此外，还专门成立了一家国家开发投资公司，负责固定资产投资。在这方面，我国制定了相关政策。第一，实行分税制改革。1993 年底，国务院发布《关于实行分税制财政管理体制的决定》，从法律层面规范了政府间的财政关系，有效遏制了中央财政能力下降的趋势。第二，实施积极的财政政策。从 20 世纪 90 年代末到 21 世纪初，中国政府大力推行固定资产投资国债发行政策，支持企业技术改造，在很大程度上促进了中国基础设施建设及相关产业的发展。

四是初步建立责任机制。首先，确立“谁投资，谁决策，谁承担风险和责任”的投资原则，这也可以从国务院出台的政策中体现出来，如《中共中央关于完善社会主义市场经济体制若干问题的决定》，明确企业对其投资行为风险自担，同时针对投资权限进一步落实放权政策，严格规定政府进行行政审批的范围，包括限制类项目和政府投资类项目，针对其他类型的项目，不再由政府进行审批，而是采取登记备案制。此外，设置国家重大投资项目监管制度。1998 年，正式确立国家重大项目稽察特派员制度。2000 年，国家发展和改革委员会出台了《国家重大建设项目稽察办法》，通过派驻稽察特派员监督重大项目的决策、建设、实施情况，实施全方位稽察。

（四）深化阶段（2004 年至今）

这个阶段是政府投资体制改革取得阶段性成果的重要时期，政府与市场的关系更加明确，同时政府投资范围也更加清晰，投资项目审批程序更加简化。与此同时，与投资相关的决策及项目管理制度等也更加完善，其中 2004

年颁布的《国务院关于投资体制改革的决定》和2019年的《政府投资条例》，在推动投资体制改革的进程中意义重大。

《国务院关于投资体制改革的决定》具体划分了政府投资的范围，对于在国民经济发展中关系重大、关乎国家安危，或市场不能有效配置资源的经济和社会领域中适合社会投资建设的项目，尽可能利用社会资金建设。《政府投资条例》中对于政府投资的方向也更加确切，规定政府投资主要倾向于非经营性的公共领域，包括公共服务、公共基础设施、农业农村、生态环境保护、科技、社会管理和公共安全等领域。与此同时，投资体制更加完善，在政府投资过程中，要求建立定期评估机制，以便及时调整投资范围。这为政府投资决策的科学性提供了保障。

在投资项目落实过程中，不同的投资项目通常采取的投资方式也会不同。鉴于此，最终的管理方法也理应不同，如针对直接投资或资本金注入方式的投资项目，适合采取行政审批制度；而对于采用投资补助、转贷或贷款贴息的投资项目，只审批资金申请报告，审批程序逐渐简化。

过去，政府投资资金来源呈现多样化，其来源形式的多元化主要包括预算内投资、各类专项建设基金、统借国外贷款等，管理起来较为繁杂。然而，随着投资管理体制的改革，之前所存在的多种资金来源口径，开始以统一口径的预算形式存在，为财政资金的统筹安排提供了条件。

除此之外，在投资实践中，也更加注重对现实的尊重，重视从社会经济发展水平、财政收支状况出发。在安排项目资金的时候，根据不同的投资项目灵活选择投资方式，如对纯公共物品供给，可采用直接投资的方式；对确需支持的经营性项目，以资本金注入为主，适当辅以投资补助、转贷、贷款贴息等方式。强化对政府投资资金的预算约束，有效控制政府债务和资金来源，地方政府及部门必须在法律允许的范围内，通过举借债务的方式筹措资金。

伴随投资体制改革的不断深入，政府投资决策的规则与程序也在发展中不断完善，政府在做出投资项目决策之前，需要通过符合资质要求的专业咨询机构评估论证。不仅如此，投资主导部门也会通过制定一定的竞争规则，来约束专业的咨询机构。

针对一些对社会经济文化有重大影响且投资规模较大的项目，推行包括多种形式参与的集体决策制度，如公众参与、专家论证、风险评估、集体讨论等，逐步推动政府投资项目信息公开制度，充分发挥现代信息技术的优势，借助投资项目审批监管平台，结合大数据管理，发布年度计划、相关规划、产业政策，公开具体项目的审批流程、办理时限等信息。

近年来，在投资体制改革的进程中，我国不断推进投资环境的法制化程度。一方面，积极探索建立政府投资决策责任制度，对决策过程中违背法律法规及给国家和人民利益造成重大损失的行为，包括超越审批权限审批项目，违规审批不符合规定的项目，或向其提供投资补助、贷款贴息等政府投资资金，未按照正规要求及流程核定或调整项目的投资概算，以及其他玩忽职守、滥用职权、徇私舞弊的情形，依法追究相关责任人的法律责任，并对其实施法律制裁。另一方面，制度的完善离不开有效的监督，因此在规范制度的同时，我国也探索并逐步建立了相应的评估与监督机制，如针对政府投资项目的后评估机制。除此之外，对政府行为的评估也离不开完善的社会监督，因此社会监督机制也是必不可少的。在线监测、现场核查、信息共享制度的落实，能够有效发挥社会主体对项目的监督作用，提高政府投资决策的时效性。

二、政府投资决策的影响

（一）政府投资对城乡收入不平等的影响

政府投资对于社会经济发展及收入分配具有一定的调节作用。尤其是在调节城乡收入不平等中意义突出。具体来说，政府投资对城乡收入的影响，主要体现在以下几个方面。

一方面，通过对社会所需的公共物品的投资，以期在一定程度上能够对社会福利的分配状况产生影响并起调节的作用，进而影响并改善城乡居民收入不平等的现状。例如，加强对农村基础设施的投资，如交通、教育、医疗卫生、住房保障等，不仅能够有效弥补农村地区社会资本投入的不足，为经济发展提供资金的支持，从而为农村地区经济条件的改善奠定基础，促进地区经济的发展，而且还有利于通过农村居民社会福利的改善，达到调节收入差距的目的。

另一方面，政府投资能够发挥导向作用，即将投资作为一种引导性资金，通过特许经营权方式与社会资本合作，有意识地主动引导社会资本参与地方特色产业及社会公共服务领域的建设，以此带动地区经济的发展，推动社会福利状况的改善，进而起调节城乡收入不平等的作用。

（二）政府投资对私人投资的影响

1. 对公路和铁路的投资分析

通常，政府投资主要集中于与社会经济发展关系重大的领域，因此以公路、铁路为代表的公共交通领域适合政府投资。这主要是因为民间投资交通建设的成本较高。因此，政府在这类领域的大量投资，相对于私人资本来说，起不到应有的导向作用，稍有不慎，甚至会适得其反。

2. 对房地产的投资分析

改革开放以来，房地产行业如雨后春笋般，发展十分迅速。国家也对房地产建设十分重视，在这样的时代背景下，房价逐年攀升成为城市发展中的重要表现，全国各地无论大中小城市，都热衷于通过房地产建设提升经济，拉动内需。由此，民间资本很难承受不断提高的房价，以致其不断地受到挤压。

在社会经济发展过程中，无论是政府投资，还是社会投资，都是经济发展不可或缺的，因此实现政府投资与社会或私人投资的有效协调至关重要。

（三）政府投资对优化产业结构的影响

1. 集中财力支持国家重点产业发展成为可能

综观世界工业化发展，在工业化进程中，无不伴随着资本的积累和集聚。作为发展中国家，在中华人民共和国成立初期，由于科学技术落后，经济发展水平相对较低，发展工业化仅仅依靠市场力量积累资本，注定需要经过一个漫长的过程。而计划经济背景下，利用政府的行政职能，能够在较短时间内积累大量资本，这为我国工业化体系的初步建立奠定了基础。

在转入市场经济后，民间资本迅速壮大，但对于一些耗资巨大的重大投资项目，如铁路、公路、冶金、石油开采等，民间资本的力量是有限的，而政府在这些领域的投资有效弥补了市场主体的不足。

2. 进行政府投资范围和投资管理方式的积极探索

基于我国社会主义国家的特殊国情，发展社会主义市场经济体制没有现成的经验作为参考，政府投资方式、投资方向等更没有先例可循，只能在实践中不断摸索。而政府投资参与产业结构调整的过程，可视为政府投资探索中的具体实践。

从计划经济到转轨时期，再到当前的社会主义市场经济体制，不同阶段中政府投资所占比例经历了不小的波动。研究表明，在计划经济时期，政府投资从 50% ～ 80% 的绝对主导，逐步压缩到转轨时期的 6.2%，再到经济步入正轨投资规模的理想回升。不仅如此，投资范围也经历了类似的变化，由对全社会投资大包大揽到逐步缩小，再到基础设施建设、促进自主创新、支持社会主义新农村基础设施建设和公共服务均等化。同样地，投资方式也不例外，也发生了相应的转变，由计划经济下单一的拨款方式逐步转向包含补助、贴息、资本金注入、转贷、投资抵免、“拨改投”、以奖代补等在内的多种投资方式体系。这些变化从侧面反映了我国投资体制不断完善的过程，经过不断的探索和调适，政府投资政策的各项职能日益完善。

第九章　货币政策

第一节　非传统货币政策的理论及作用机制

一、非传统货币政策理论

（一）传统货币政策的瓶颈

只有当货币政策在整体金融环境中失效或传统货币无用武之地的时候，非货币政策才会派上用场。从国内外相关研究来看，传统的货币政策仍然存在一些瓶颈。

大部分经济学家都秉持一个观点，即政策利率应该存在“零下限”约束，这种约束认为中央银行调整的政策利率应该大于零。而这种“零下限”约束恰好是传统货币政策的一个瓶颈。因为从传统的经济理论来讲，先进持有是零成本的。而当现金收入超出其他资产的时候，大多数人都会持有现金，也就是说利率变成了正的，也就意味着传统货币政策的传导渠道将不再有效。这种瓶颈会对宏观经济调控造成以下几方面的影响。第一，一旦利率极低，甚至低至零，传统货币政策会陷入“流动性陷阱”的泥沼，中央银行就无法对利率进行调控，更不可能调整市场价格。而想要通过控制利率达到满足消费需求和改善投资的目的更是天方夜谭。第二，如果利率降到较低的层次，利率传导渠道就会受损，这也意味着传统货币政策核心渠道受到损伤，长期利率对短期利率的影响将会减小。同时，“零下限”约束条件下，货币政策的时滞会变得更长，对长期利率的调控就不会达到理想效果。此外，市场对“零下限”约束的期待值会不断攀升，这会导致长期利率受短期利率的调控受到相当程度的不利影响。第三，货币政策无法达到理想的效果，也会相应地导致货币政策利率传导失去效果。

除上述之外，传统货币政策无法精准地调节信贷资金的走向，从而导致决策失误，而将货币政策投向缺乏流动性的产业和部门，不利于产业结构的协调，给产业发展造成桎梏。

（二）非传统货币政策的定义

在经济学领域，对于非传统货币政策的定义尚没有统一的概念界定，许多学者及经济学家都尝试从不同的角度对其内涵加以界定。

从政策施行环境来定义，非传统货币政策可表述为央行为了摆脱零利率下限约束与货币政策传导障碍所采取的经济干预措施。通过有效调整资产负债表的规模与结构，以及未来利率预期，从而在很大程度上缓解利率无法进一步下调的窘境，为保证货币政策在零利率环境下生效奠定基础。

从作用对象来看，不同于传统货币政策控制短期利率，使其维持政策水平，非传统货币政策针对的是长期利率，是通过对长期利率的影响来调控金融市场与宏观经济的政策方式。非传统货币政策在社会经济中的落实，其所采取的主要手段是购买特定的创新型货币政策工具与调整利率预期，在此基础上，直接作用于长期利率与资本市场，对于市场经济的发展具有精确的指导作用，效果较好。

（三）非传统货币政策的分类

对非传统货币政策进行归纳，主要分类方式及类型如下。

第一种是依据目标的不同，将非传统货币政策划分为四种类型，分别为塑造政策预期、扩大央行资产负债表、调整央行资产负债表结构、突破“零利率下限”的利率政策。还有一部分学者将中间两种类型直接概括为资产负债表政策。

第二种是按照具体实施工具分类，将非传统货币政策分为前瞻性指引、量化宽松、负利率政策。

第三种分类方式是回归货币政策的本质，按功能将非传统货币政策划分为“数量型”和“价格型”。

（四）未来展望

从世界范围来看，非传统货币政策工具的实施存在本质上的差别。尽管如此，其效果还是很明显的。

就我国来说，立足于我国社会主义市场经济发展的实际，在发展非传统货币政策的基础上，与现行的结构性货币政策结合，创造出适合我国社会主义国情的一种新的与新型货币政策相适应的调控方式。如发达经济体常使用量化宽松搭配前瞻性指引，能够实现降低实际利率的目的。

从当前各国的研究综述来看，对于非传统货币政策，还存在一些较大的争议。不少理论界和实务界都提到“直升机撒钱”这种结合财政与货币的双宽松工具，具体内容是央行通过印发纸币直接购买政府发行的国债，从而促使财政政策的作用得以最大化发挥。

二、非传统货币政策传导机制

我国的金融市场尚处于发展阶段，结构性货币政策作用的发挥，仍主要依靠的是传统的信贷、利率、汇率等传导渠道。基于此，笔者将结合两类货币政策的对比，探索非传统货币政策传导渠道的本质。

（一）非传统货币政策的传导渠道量化

非传统货币政策的数量传导渠道可分为以下三种类型。一是资产平衡渠道。通过降低利率，资产价格将上升，这将导致财富扩张和融资成本降低，并改善消费和投资。二是信贷渠道。资产交易不仅为市场提供了大量的流动性，而且改善了金融交易环境和信贷可用性。三是利率预期渠道。通过大量购买资产，向市场发出利率保持低位的信号，从而在一定程度上刺激需求。

负利率政策固定了短期利率向长期利率的传导机制，通过实施负基准利率降低了长期利率。其作用主要通过以下渠道实现。

第一，信贷渠道。从经济学角度看，负利率是央行向商业银行收取的费用，主要用于保管存款准备金。此举旨在鼓励商业银行向市场注入更多流动性，刺激商业银行贷款，促进投资。

第二，资产平衡渠道。在负利率政策下，宽松的政策条件会促进资产价格的上涨，提高资产的未来收益率，提高经济发展的预期。

第三，汇率渠道。中央银行通过实施负利率使本币贬值，并增加外贸出口，以刺激经济增长和减少失业。

结构性货币政策通过改变资金流动和调整产业结构，为市场流动性创造条件，从而促进经济发展，主要通过以下渠道发挥作用。一是信贷渠道。通过调整商业银行信贷资产结构、无风险资产数量和信贷资产数量，结构性货币政策可以有效协调实物部门投入资金的数量和比例，从而实现对产业结构的影响，促进经济增长。二是利率渠道。中国政府采取了一系列旨在改善市场流动性的货币政策工具，如 MLF、SLF 和 PSL，并人为干预利率上限的收益率曲线；同时，利率的变化会对货币市场、债券市场和存贷款市场的利率产生不同程度的影响。三是汇率渠道。通过有效调整汇率，提高实际汇率，并将其控制在稳定合理的范围内，有利于贸易出口。这一措施有利于扶持出口型企业，进一步提高产业水平。

（二）两类货币政策比较

传统货币政策的传导渠道主要包含利率渠道、资产价格渠道、信贷渠道等。

1. 利率渠道与利率预期渠道

传统货币政策的利率渠道的基本路径是央行降低基准利率→降低市场短期利率→降低长期利率→增加投资和消费需求。然而，受短期利率预期的不稳定性和流动性陷阱的影响，民间投资需求仍然相对较低，阻碍了传统货币政策的利率渠道。相反，非传统货币政策的利率预期渠道很好地解决了这一问题。央行通过宣布长期低利率，继续实施量化宽松和负利率政策，向社会传递了未来短期利率持续下降的信号，在一定程度上稳定了短期利率预期，将其扩展到长期利率，最终影响总需求，推动总需求上升。

2. 资产价格渠道与资产平衡渠道

传统货币政策的资产价格渠道主要基于托宾 Q 理论和财富效应。根据托宾 Q 理论，资产价格渠道的路径是：货币供应量增加→股票购买量增加→ Q 增加（总存量价值 / 固定资产价值）→企业投资增加；财富效应认为，资产价格渠道的路径是：货币供应量上升→居民资产购买兴起→资产价格上涨→

财富增加→消费需求增加。

不难看出，两者都是基于货币供应量的增加，从而导致资产价格的上涨，以及投资和消费需求的双向增长。然而，面对金融危机，这一渠道的作用将受到制约，居民和企业持有的资产价值将严重缩水，传统货币政策的弊端将显现。最明显的表现是大量的货币供应无处可去。替代传统货币政策的资产价格渠道，非传统货币政策的资产平衡渠道可以发挥良好的作用，主要是通过购买特定金融机构的“有毒”资产，强行提高资产价格，从而通过投资组合平衡私人资产，改善投资和消费。

3. 银行信用渠道与信贷渠道

所谓银行信用渠道就是通过银行进行信用传递。具体路径是：增加货币供应量→银行可贷资金增加→贷款增加→消费和投资增加。由此可见，银行扮演着基础性的角色。然而，在经济衰退的环境下，由于信贷融资成本的上升，银行将采取从紧的信贷政策。在“金融加速器”效应下，这种影响将继续增加。非传统货币政策的信贷渠道取代了传统货币政策的银行信用渠道，消除了银行的中间环节，直接向金融机构和私营部门提供信贷支持，并为市场的流动性注入活力。通过信贷渠道促进融资环境的改善，在一定程度上刺激社会总需求的增长。此外，它还可以适当调整金融机构的流动性和资本去向，从而优化产业资本储备，这将对经济发展产生影响。

（三）非传统货币政策传导的本质

利率是货币政策调控的主要对象，传统货币政策主要通过对短期利率的影响，传导到长期利率。而非传统货币政策则与之不同，主要是通过直接或间接地影响长期利率，同时提高短期利率向长期利率传导的效率。在通过低利率承诺的前提下，通过影响未来短期利率预期，达到对长期利率的间接影响。如若持续大量购买长期金融资产，便会造成市场货币量的激增，使得通货膨胀的预期更加凸显。与此同时，伴随风险溢价的降低，长期利率也将会直接受到影响而降低。

基于这种市场状况，不仅传统货币政策传导渠道失效，而且非传统货币政策的实施效果也会受到影响。突破“零利率下限”的负利率政策，提高了商业银行的资金持有成本，对资金具有一定的导向作用，引导资金向信贷方向转化，为实体经济的发展提供资金支持。从短期来看，负利率政策的实施，不仅能够修复短期利率向长期利率的传导机制，重要的是，还能通过增加信贷影响长期利率。

第二节　货币政策对企业投资行为的影响

一、经济学视角下的货币政策资本成本渠道原理

货币政策资本成本渠道，通俗地讲，也就是利率传导渠道。这一理论主要来自凯恩斯经济学理论。传统经济学认为，货币政策对投资决策的影响，主要遵从的是无摩擦的新古典模型的逻辑。

从宏观层面来看，对利率水平产生影响的作用机制，主要是通过对计划投资及出口等变量的影响，从而对总产量水平形成间接的影响。对利率传导渠道的研究，主要是结合 IS-LM 结构模型进行分析的，由此所形成的一个基本的传递模式为：货币政策→利率→投资→产出。

当央行施行扩张性货币政策时，也就预示着货币供应量将大幅度上升，与此同时也会不可避免地对利率产生一定的影响，导致实际利率下降。对于企业来说，企业债务（借款或发行债券）融资成本下降，从而刺激企业投资及消费投资，进而促进总需求和总产出的增加。约翰·泰勒（John Taylor）的研究表明，利率水平对消费支出及计划投资的影响，主要是通过改变融资成本实现的。在货币政策影响宏观经济的过程中，利率传导机制发挥着关键性作用。

而从微观层面来看，货币政策的变化对微观主体的影响，突出表现在融资成本上。以货币政策为例，当货币政策处于紧缩状态时，企业的借贷成本将会增大，从而在一定程度上影响企业的投资行为。加之，利率的变动具有很强的成本效应，以利率调整和变动为主要内容的货币政策，便会不可避免

地对企业投资、居民消费及国际收支产生不同程度的影响，这就是货币政策传导机制的重要表现形式。

借鉴格伦·哈伯德（Glenn Hubbard）的分析，利率传导机制的原理如图9-1所示。

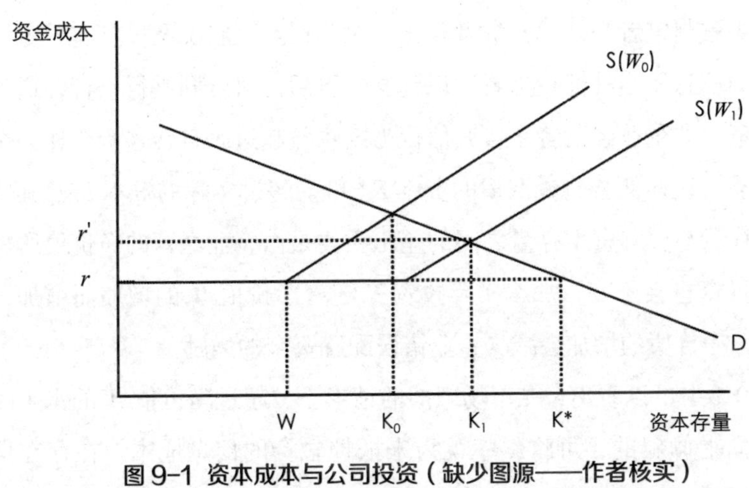

图 9-1　资本成本与公司投资（缺少图源——作者核实）

从图中可以看出，横轴代表的是资本存量，纵轴代表的是资本成本。曲线D所代表的是需求曲线，随着资本存量的增加，资金成本不断减少，呈下降趋势。供给曲线S通常在新古典模型中是水平线段，在市场实际利率 r 水平（风险调整）上。基于这一前提，在利率 r 水平，最优资本存量重点取决于两个因素，即曲线D和曲线S的两个交点。这意味着，在最优资本存量点，资本预期边际收益率等于利率。

从经济学角度来看，公司投资机会对需求曲线有着很大的影响，而供给曲线则主要是由资本成本来决定的，即供给曲线取决于市场利率。从供给来看，在其他条件不变时，随着市场利率的提高，资本成本即期望资本存量降低；反之，也成立。而从需求来看，在其他条件不变时，提高投资机会，企业资金需求曲线D向右移动，期望的资本存量增加；反之，也成立。

在市场经济的运行中，对货币政策的调整，能够对实际利率和资本使用成本造成直接的影响，进而也影响利率敏感性投资支出。如施行紧缩性货币政策时，实际利率便会因此而上涨，从而带来资金供给曲线高度提升。也就是说，利率的提高有助于抑制投资支出。在更贴近现实的资本市场中，与信息不对称相关的市场摩擦的模型的关键是外部与内部融资之间的差异。

公司决策制定者与外部投资者相比，对公司经营状况及投资有着更为真实及全面的信息。当外部投资者意识到这一点后，对合同进行修订，增加一项激励约束，即企业经营者来自诚信行为的收益超过来自转移资金作为个人使用的收益。这样便会造成期望的资本 K^* 可能超过实际的资本 K_0。其中，期望资本存量与实际资本存量之间的差距主要是由企业经营的净价值所决定的。假定投资机会不变，那么实际投资 K 随着净价值 W 的增加而增加。其原因在于，净价值的增加会减少企业错误配置资金的激励。

从图 9-1 中可以看出，在市场摩擦的情形下，超过净价值 W 的水平时，曲线 S 是向上倾斜的，可将斜率视为未抵押融资的信息成本。在存在信息成本的条件下，企业均衡资本存量主要取决于曲线 D 和曲线 S 与 K_0 的交点。通过对比可以发现，此时的资本存量少于无摩擦情形下的最优期望资本存量 K^*。

假定信息成本固定，当净价值从 W_0 增加到 W_1，则资金供给曲线将会从 $S(W_0)$ 移动至 $S(W_1)$。而假定投资机会固定不变，在这一条件下，需求曲线将会保持为曲线 D。而假若两个条件都不变，净价值的增加则会使资本存量从 K_0 增加到 K_1。

从现实企业来看，对于不依靠信息成本，或是有足够净价值（或内部资金）实现预期成本存量而融资的企业，均衡资本存量保持在 K^*。通俗地说，就是对一些面临信息成本较小的公司，净价值的增加对其投资不构成影响；反之，就会产生正相关影响。

二、公司财务学视角下的货币政策资本成本渠道分析

在我国，作为宏观经济调控基础性工具的货币政策，在企业融资中发挥着重要作用。依据货币政策的变化，由宽松转为紧缩，或由紧缩转向宽松，银行用于贷款的资金规模也会受其影响，为此银行会重新考虑信贷策略，对信贷资源进行重新配置，如减少对某类企业的贷款，或收取更高的利率，这分别体现了央行信贷配给及融资约束政策。这在无形中造成由信息不对称所导致的融资约束程度的加剧。由此，可以看出信息不对称是影响企业融资的重要因素之一。

相关研究发现，融资约束作用的发挥，主要是基于对资本使用成本的影响来实现的，其作用对象是有着凸性调整成本的投资，通过对资本使用成本的影响，达到影响成本投资过程的目的。

借鉴 Nagahata 和 Sekine 的思路，并辅以货币政策与企业融资需求图（如图 9-2 所示）进行分析。

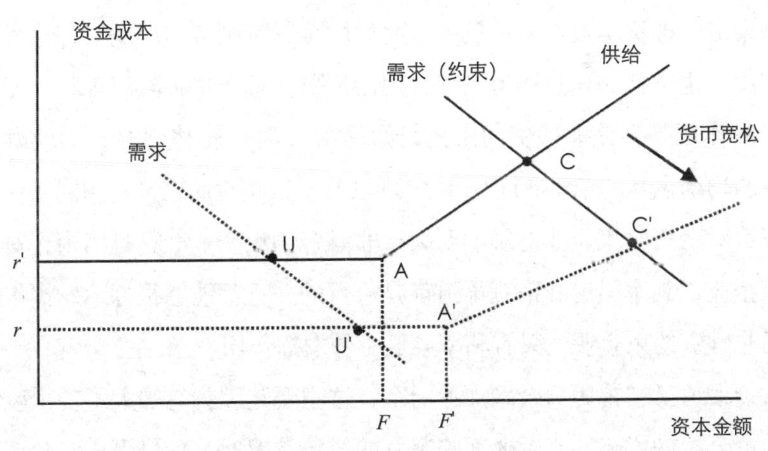

图 9-2　货币政策与企业融资需求（缺少图源——作者核实）

图 9-2 呈现了不对称信息情形下，货币政策与企业融资需求的相互关系。在这样的情形下，内外部资金成本之间存在一定的差异。在相同的经济条件

下，对于企业来说，利率的不同主要取决于风险溢价。从图中可以看出，供给曲线在 A 点处有一个明显的折拐，F 表示企业的内部资金，市场利率 r 为内部资金的机会成本。超过 F，意味着需要通过外部资金的融资来辅助其投资。

当外部资金的成本较高时，企业会被要求支付风险溢价。企业对外部资金依赖程度越高，其承担的风险溢价也会越高，这主要是由于随着公司债务-资产比例的上升，相应的违约风险也会随之上升。加之，内部资金比外部资金成本低，故而内部资金的可用性对企业投资造成很大影响。

此外，由于投资也会受到资金均衡数额的影响，而均衡数额又是由需求线与供给线的交叉点决定的。当需求线与供给线在 U 点交叉时，对于企业来说，是受到非融资约束的；而当需求线与供给线在 C 点交叉时，意味着投资额大于企业内部资金，那么对于企业来说，是要受到融资约束的。

接下来，笔者将以宽松的货币政策为例，来具体探讨货币政策对企业融资约束的影响。首先，降低了市场利率（从 r 变为 r'）；其次，增加了企业内部可用资金（从 F 到 F'）；最后，减少了供给曲线的斜度。第一个影响通过利率渠道，即资本成本渠道反映，而后两个影响则表示的是对理论渠道的放大作用，也可视为信贷渠道发挥作用的情形。基于这种经济现状，宽松货币政策的作用是促使非融资约束公司的均衡点从 U 转移到 U'，而使融资约束公司的均衡点从 C 转移到 C'。从中可以看出，相对而言，在相同条件下，货币政策对融资约束企业的影响要大于非融资约束企业。这是因为，对于融资约束企业，利率渠道和信贷渠道都是可行的，且都能够很好地发挥作用；而对于非融资约束企业，只有利率渠道一种发挥作用。

信贷渠道又被视为“金融加速器”，这主要是因为它加大了货币政策对融资约束公司的影响。当企业面临突发的经济状况时，信贷渠道对利率渠道的放大作用更加明显（如图 9-3 所示）。

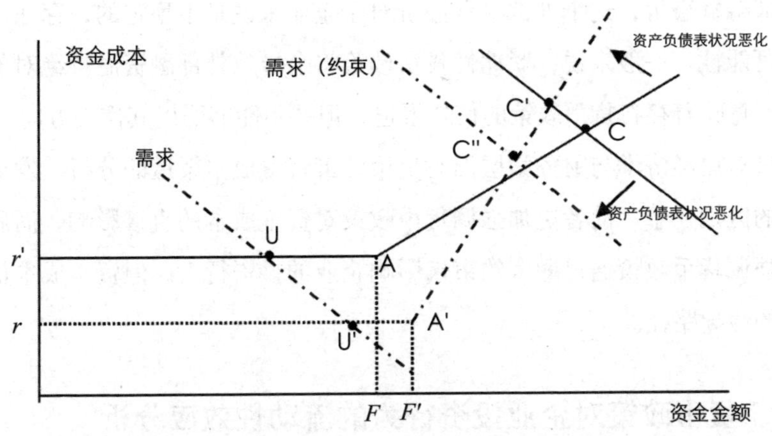

图 9-3 货币政策波动与资本成本变动（缺少图源——作者核实）

图 9-3 表示经济冲击下，货币政策波动与资本成本变动的关系。从图中可以看出，当面临经济下滑、资产价格泡沫破裂等经济冲击时，供给曲线的斜率更大。所导致的企业资产负债表的恶化，被视为需求曲线的移动，随着银行贷款及企业投资的建设，融资约束公司的均衡点从 C 转移到 C'。这也就意味着，资本成本的上升会减少企业的投资，无论企业是不是融资约束企业。这个效应就是货币政策的资本成本渠道。

不仅如此，利率上升也会增加贷款供给线的倾斜度。究其原因，伴随利率的上升，对于企业，尤其是有负债的企业，其净利息也会随之增加。换句话说，利率上升减少了被用于抵押的资产的折现价值。

无论何种原因，都会导致企业风险溢价的上升，进而引起借款成本的上升，一定程度上限制了可用资金，造成对融资约束企业投资行为的影响。

总之，货币政策的变化通过对融资约束程度的影响，而直接影响企业的投资决策。

有学者针对信贷市场中信息不对称对货币政策传导机制的影响后果进行了相关研究，结果表明不对称信息在增强标准利率渠道影响的同时，还会在一定程度上削弱或过度补偿标准的利率渠道的影响。最主要的是信息问题会导致外部融资溢价，这个外部融资溢价对于企业来说是不稳定的，存在或正或负的可能性。一般来说，紧缩性货币政策将会导致外部融资溢价绝对价值的增加，意味着存在货币政策的信贷渠道，但并不能够明确其作用方向。

通过对比经济学与财务学层面对货币政策资本成本渠道的分析，发现二者最大的区别在于，前者更加强调货币政策对资本成本的直接影响，而后者则主要强调货币政策通过融资约束来影响企业的投资行为，但资本成本依旧是基本的传导路径。

三、货币政策对企业投资行为的流动性效应分析

1. 信贷配给现象及其解释

市场上的信息不对称，不仅会提高企业新的融资成本，如发行新债，而且还可能会导致信贷配给。当借款人即使愿意支付出借人所要求的利率，甚至更高利率，仍不能保证顺利接到所需数额时，就说明借款人受到配给的限制。

信贷配给实际上是由借贷双方间的信息不对称而引发的一种均衡现象。出借人往往不能够准确判断借款人信用的好坏，可能出现由于借款人信用而导致的借款拖欠或不予归还的状况，故而在考虑到拖欠或违约风险时，高效的解决办法就是提高利率。然而，这种行为也并非总是正确的，因为银行并不能完全准确地判断投资风险，因此提高利率有时候可能会使一些借款人对高利率望而却步，或者使一部分借款人选择更高风险的项目。究其原因，可以认为是诚信或是谨慎的客户认为高利率投资无利可图，便推出借款。但与之相反的一群人，则更愿意尝试投资，如果投资失败，还款便会遥遥无期。

由此可以看出，利率的提高，一方面会增加银行利息收入，另一方面也可能会诱发企业投资高风险项目的逆向选择效应，造成银行贷款预期收益的减少。虽然通过严格的审查措施，能在一定程度上缓解这种信息不对称，但是出借人很难从总体上避开这一问题。解决的办法只能是加强对所有客户的贷款金额的限制，这就导致信贷配给成为一种普遍现象。

约瑟夫·斯蒂格利茨（Joseph Stiglitz）和安德鲁·韦斯（Andrew Weiss）分析了在信贷市场不对称的条件下，利率如何通过筛选潜在的借款人和影响借款人的行为，来影响贷款项目的风险程度。由此衍生出道德风险与逆向选择的问题。道德风险与逆向选择对信贷配给现象的解释主要源自一个现象，即利率与借款人利益的关系，具体而言便是利率的提高会导致借款人利益的减少。

可将道德风险理解为：利益的减少可能会降低借款人的动力，促使其追求带来更多私人利益的项目，或忽视有利于其他活动的项目，甚至不惜欺诈。由此可以得出这样的结论，即利率的升高可以通过降低绩效而间接降低偿付贷款的可能性。

而对于逆向选择，可将其理解为：在银行不能够准确地辨别借款人“好坏”的情况下，较高的利率可能会吸引低质量的借款人，一般来说，这类人更容易产生违约行为。因此，提高利率，对低质量借款人的影响要小于高质量借款人群。基于此，以银行为代表的出借人更希望将利率维持在一个较低的水平，以吸引更多高质量的借款人。也就是说，“均衡信贷配给”可能来自逆向选择。

由于信息不对称，以银行为代表的出借人很难通过价格来区分借款人的“好坏”，因此利率上升时，“好”的借款人被逐出市场，这样一来，不仅会增加违约的风险，而且还可能会减少出借人的预期收益。而在均衡时，出借人可能设置一个市场上对贷款过度需求的利率（较高的利率）。因此，一些借款人获得贷款，而其他借款人则被信贷配给。

2. 货币政策与信贷配给

对于一个受到信贷配给限制的借款人来说，其更愿意将收益的大部分都给出借人，通俗地说，也即借款人愿意支付更高的利率，这就在一定程度上增加了企业的融资资本。

因此，由于信息不对称问题，金融机构在贷出资金时面临借款人可能对项目处理不当的代理问题，即借款人可能会为了获取私人收益而降低项目成功的可能性。

即使私人收益是低效的，而借款人可能仍旧会选择私人效益，这是因为其能够享受全部私人效益，而相对于利润来说，能够享受到的只会是其中一部分。

为了防止借款人滥用资金，就必须让其在最后的项目产出中分享足够的利益。这样，只能够将项目收益中的一部分，用于对外部投资者的抵押，这也意味着即使项目预期收益超出投资成本，企业还是有可能融资不顺。

有学者认为，信贷配给是货币政策的另一个重要传导渠道。货币政策的波动，也会同时造成信贷配给的波动。当货币政策紧缩时，如果出借人觉察到央行货币政策的变化，并通过提高利率以促使经济增长放缓，警觉性高的出借人出于对经济下跌的考虑，就会紧缩信贷，由此便会造成价值信贷配给问题，使得企业投资受到一定程度的抑制。

反之，当货币政策宽松时，恰好出借人觉得政府政策为扩张性，且考虑到经济状态较好，他们就会通过降低利率和扩大信贷配额来放松信贷，能够在一定程度上缓解信贷配给问题，促进企业投资。

由此可以看出，货币政策对信贷市场的资源配置，有着较为明显的影响。通过文献调研可以看出，当前已有文献发现，由于信贷配给现象的存在，货币政策的波动对于信贷资源的配置有着非常直观且明显的影响。尤其是不同性质的企业，其信贷资源经常会出现错配现象，与此同时，进一步降低企业的投资效率。

根据信贷配给理论可知，导致信贷市场出现信贷错配的最主要原因在于信息不对称。因此，货币政策是通过影响信贷配给，进而对企业的投资行为产生影响的。这也就使得信贷配给成为货币政策对企业投资行为的一个传导渠道。当央行对以商业银行为代表的出借人实行信贷限制的同时，就会产生新的类型的信贷配给。

第三节　我国货币政策调控范式

基于我国社会经济的发展历程，可以明显看出经济政策的阶段属性。本书第六章的内容详细分析了亚洲金融危机时期、全球金融危机时期和新常态下的不同的金融调控政策。我国的经济调控政策或侧重于促进经济增长，或侧重于维持物价稳定，总之采取的货币政策因时而变，随势而动。

一、改革开放前的货币政策（1949—1978 年）

1949 年以前，我国的货币政策处于探索阶段，通过货币政策手段，我国国民经济发展态势良好，物价基本稳定，可以说，货币政策的重要作用不容忽视。

（一）1949—1957 年的货币政策

中华人民共和国成立之后的前几年，我国国民经济正处于恢复阶段。然而，自 1953 年起，为加强经济基础建设，满足国内日益上涨的货币需求，我国的财政支出增长幅度迅速加大。这一经济模式为我国国民经济埋下了通货膨胀的“炸弹”。在这样的经济背景下，政府协调中央银行（以下简称“央行”）迅速采取措施，先以优待储蓄增加货币储备，后以对信贷规模的控制降低货币流失，将通货膨胀的风险降到较低的程度。有得必有失，这样的经济调控手段使 GDP 产生了较大的降幅，经济系统的波动幅度在一定范围内增加。

1953—1957 年，为摆脱这种不利局面，我国制定了第一个五年计划（简称“一五计划”）。“一五计划”提出了当时阶段我国国民经济目标，为国民经济指明了相对明确的方向，从较为长远的经济发展角度规划了我国的重大建设项目，同时明确了国民经济与生产力的比例关系。此前，我国国民经济政策在“经济增长”和“物价维稳”之间摇摆不定的局面被打破，不再处于经济调控恶性循环圈内。这一阶段的经济政策的制定也意味着我国正式开始了社会主义经济建设，奠定了国家工业化的经济基础。

（二）1958—1965 年的货币政策

1958—1962 年，第二个五年计划（简称“二五计划”）开始实施。“二五计划”时期，国内国外环境发生巨大改变，我国经济调控顶住这些压力，采取“双积极”政策，并取得良好成就。这一时期，我国政策对财政管理体制及货币政策指标进行了调整，财政货币政策体制“以收定支，五年不变”，扩大了财政规模，有力地支持了国家的经济建设。与此同时，央行将存贷款划归地方管理，打破了传统的单一银行体制，但经济开始出现“低增长、高通胀”的恶劣局面。为了摆脱这一困境，国家财政部门制定了应对政策。例如恢复单一银行体制、收紧基本建设投入、压缩预算外的资金投入、收回人民银行下放权力等。至此，我国财政开始出现盈余。合理的财政分配及货币发放政策，促进了经济发展的稳定，经济整体呈现“高增长、低通胀”的良好局面。

对比改革开放之前的其他时间点，这一阶段我国的货币政策调控目标相对明确，与国内财政政策的控制步调始终保持着相对一致，但主动性较低。经济系统呈现的物价高低起伏，与财政政策的变化不无关系，可以认为，货币政策基本扮演着财政的“出纳”角色。

可以从我国经济整体发展情况和各节点的经济状况分析这种说法：改革开放之前，我国走的是计划经济体制的路线，即提出阶段经济建设目标，中央银行采取的一切货币手段都与此目标协调。但是在这种体制下，调控工具和政策的独立性较差，地方部门福利的狭义性突出，“社会化”特性难以显现。而在改革开放之后，货币政策独立性的重要性逐渐被财政部门意识到，此时开始，货币政策具备了一定的独立调控地位。

二、探索市场经济阶段的货币政策（1979—1992 年）

1978 年后，我国开始实行改革开放的经济政策，我国的经济体制开始在行政规则与市场配置的平衡中稳步前进。1979—1992 年，我国顺应经济发展的趋势，制定了一系列经济政策，我国的经济体制也发生了变革。

（一）1979—1981 年的货币政策

1979—1981 年，我国的货币政策从“双积极”向“双紧缩”转变。

1978 年，十一届三中全会召开，此后为尽快改变亏负经济，我国实施了财政与货币的“双积极”政策。然而在 1979—1980 年，经济出现增长和通胀“双高”的过热局面。为了尽快解决这一问题，开始实施财政政策与货币政策的“双紧缩”政策，经济过热现象得到有效控制。由此可以看出，虽然我国财政与货币政策从“双积极”向“双紧缩”转变，但从经济总体发展局势来说，“双积极”的政策仍旧存在。

（二）1982—1986 年的货币政策

1979—1981 年的“双紧缩”政策虽然在抑制物价方面发挥了积极的作用，但是在一定程度上将经济增长势头削弱了。为了继续保持经济增长势头，保证宏观经济稳定向好发展，我国在 1982—1984 年重新实行“双积极”政策。

“双积极”政策确实使闲置资源得以有效运转，伴随着城市经济体制改革释放了工业领域的生产率，最终实现了我国国民经济的增长。在此阶段，我国将经济重点转向农村经济建设。包产到户政策的制定让农民有了自主生产权，使农业农村收入在一定程度上有所增加。同时，取消了统购统销的销售方式，工农城乡关系得以有效促进，为未来的城乡一体化打下了坚实基础。但与此同时，经济上的弊端日益明显，出现了闲置资源紧缺的情况，货币超发的同时也有流通不畅的情况，经济出现“过热”现象。为此，财政与货币的“双紧缩”政策，又不得不再次推行，这对经济稳定起到了一定的作用。但是从经济本质上说，当时阶段我国市场化程度并不高，货币政策也不太完善，这些情况都导致了“双紧缩”政策调控通货膨胀取得的成就并不显著。

（三）1987—1992 年的货币政策

1987—1992 年，经济政策实行路线变得较为曲折，主要表现为从“双积极”转向“双紧缩”，又由“双紧缩”转向“双积极”。

1985—1986年，“双紧缩”政策如火如荼地推行，但又再次出现GDP下滑的不利经济局面，为保证宏观经济继续持续稳定地增长，1987年政府再次推行“双积极”政策。这一政策是在我国CPI“高位”没有得到有效控制的情况下实施的，由此造成了一系列负面影响，如恶性通货膨胀的出现、对国民经济的正常运行造成干扰等。

为应对这种局面，国家推行了一系列紧缩性财政货币政策，如紧缩中央财政支出、提高法定存款准备金率等，有效控制了经济非正常过热现象，遏制了通货膨胀风险的增长势头。然而由于紧缩过猛，我国经济再次陷入增长泥潭。为此，1991—1992年，我国调整了货币政策，重新启动“双积极”政策，扩大支出的同时将存款、贷款基准利率下调，在这样的操作方式下，经济运行状态以十分理想的速度好转，但依然存在通货膨胀隐患。

从中可以看出，这一时期，我国财政货币政策从“双积极”转向“双紧缩”，又由“双紧缩”转向“双积极”，总体上仍以“双积极”政策为主。

三、亚洲金融危机前后的货币政策（1993—2004年）

（一）1993—1997年的货币政策

1993—1997年，亚洲金融危机尚在酝酿之中，我国货币政策从“积极+从紧”向“适度从紧”转变。

1992年，邓小平南方谈话后，我国经济欣欣向荣，可以说进入了新一轮增长期。此时，国内市场的投资热情被进一步掀起，与此同时，信贷规模也随之增大。1994年，我国国民经济物价指数、财政支出、货币发行同步“高热”。这种现象的产生不利于国民经济发展，国家财政部门开始参与协调。吸取之前货币政策与财政政策“一刀切”产生不良后果的教训，此时开始采取较为缓和的财政政策，主张“适度从紧”。这种做法使经济“冷热”逐渐均衡，通货膨胀“涨缩”也有所平衡，国民经济的运行也逐渐走上了正轨。

可以看出，这一时期的货币政策从“积极+从紧”逐渐向“适度从紧”靠拢，但是从宏观经济调控总体来看，依旧呈现“积极+从紧”协调的取向。

（二）1998—2004 年的货币政策

1998—2004 年，此时正处于亚洲金融危机的蔓延期，我国实行“积极 + 稳健”的经济政策。

受亚洲金融危机的影响，我国经济增长速度开始回落，物价水平也开始下跌，出口形势并不乐观，国内消费状况也较为疲软。可以说，此阶段我国正处于“低增长、低通胀”的经济发展阶段。考虑经济现状，我国开始采取积极的货币手段摆脱上述经济困境。具体措施为：改革存款准备金制度，发行大规模的国债，下调存款、贷款利率，实行储蓄实名制和贷款实名制，改换外币利率管理体制，推行农村信用社市场化利率改革，发行中央银行票据，等等。

通过一系列货币政策的推行，我国经济涨幅变大，国内需求稳步提升，企业增收的同时缩小了城乡收入差距，物价不再出现大范围波动，通货紧缩出现的风险大大降低。在此之后，我国工业化进程的阻力变小，经济不再大幅度下滑，实现了 CPI 在合理的区间内浮动的宏观经济调控目标。

四、全球金融危机前后的货币政策（2005—2010 年）

（一）2005—2007 年的货币政策

2005—2007 年，全球金融危机还未全面爆发，但已有“山雨欲来风满楼”之势。在前一阶段“积极 + 稳健”的经济政策的作用下，此阶段我国的货币政策总体呈现为“从紧 + 稳健”。

在这一阶段，虽然中央财政债务余额有所增加，但是出现了投资增长过快的问题，这一问题在我国供需较为平衡的现状经济下埋下了较大的隐患。为了解决经济体制下的隐患，我国以“从紧 + 稳健”的货币政策进行调控，在增加公共物品和服务投资的同时，减少对竞争性和经营性领域直接投资。此外，房地产行业的相关问题已经开始对国民经济造成影响。针对这一问题，国家开始制定政策以规范房地产市场，并严格实施房地产贷款管理。

可以看出，在这一阶段，我国货币政策具有“从紧 + 稳健”的整体特点。

（二）2008—2010 年的货币政策

2008—2010 年，全球金融危机正在全世界范围内蔓延，在此背景下，我国的货币政策表现为“适度积极”。

2007 年下半年，在较为积极的货币政策的引导下，在经济高速增长的背景下，我国国民经济出现过热的不良态势。为了避免这种苗头继续增长，我国迅速调整货币政策，强调从“单防”转向“双防”，意思是说，货币政策的发力点不再仅仅是避免经济从偏快转向过热，而是在防止以上情况出现的同时，防止价格的结构性上涨恶化为较剧烈的通货膨胀。但 2008 年，我国遭受了严重的自然灾害，并受美国房地产次贷危机等负面事件冲击，在这样的背景下，宏观调控的“双防”目标受到一定冲击。这一时期的货币政策取向表现为“适度积极”。

五、步入经济新常态后的货币政策（2011—2018 年）

世界经济危机后，“积极”和“适度积极”的财政和货币政策缓解了外部冲击的负面影响。然而，受 2009 年货币信贷超常增长和经济快速复苏的影响，2010 年中国经济存在通胀隐患。因此，中国开始实施“积极”的财政政策和“稳健”的货币政策，旨在在保持增长的同时调整经济结构与通胀预期之间的关系，并在 2010—2011 年多次提高存款准备金率和存贷款基准利率。中央政府债务余额增速稳步提高，财政政策总体取向处于“积极”状态。法定存款准备金率在经过几轮调整后有所下降，货币政策总体呈现“稳定”状态。

2018 年以来，中国财政货币政策的协调模式越来越灵活。面对经济“L”形拉平长尾趋势，央行强调坚持反周期调控，加强货币政策与其他经济政策的协调与配合，并注重金融体系在经济增长基础上的“风险防范”和宏观经济的“保持增长”。

通过对比 2017 年和 2018 年的经济形势，可以发现我国财政货币政策组合仍然是“积极 + 稳健”的方向组合，但其内涵发生了变化，体现在财政政策由“积极”向“更加积极”的趋势上。最明显的表现是财政部实施了更大的减税和减费措施。此外，“稳健”的货币政策也在某种意义上发生了变化。《2018 年货币政策执行报告》显示，货币政策的方向已经发生以下转变：实施“稳定和中性”货币政策→保持“稳定”货币政策的中性和适度紧缩→实施“稳定和中性”的货币政策→实施“稳定”的货币政策，但“稳中求进”的总基调没有改变。

中国货币政策调控的阶段性特征尤为明显。在不同阶段，我国的经济运行特点和财政货币政策组合范式是不同的。这些不同的组合范式基本实现了中国经济的阶段性控制目标，如软着陆、价格稳定、经济增长和“双重预防”。中华人民共和国成立以来的 GDP 增长和 CPI 趋势如图 9-4 所示。

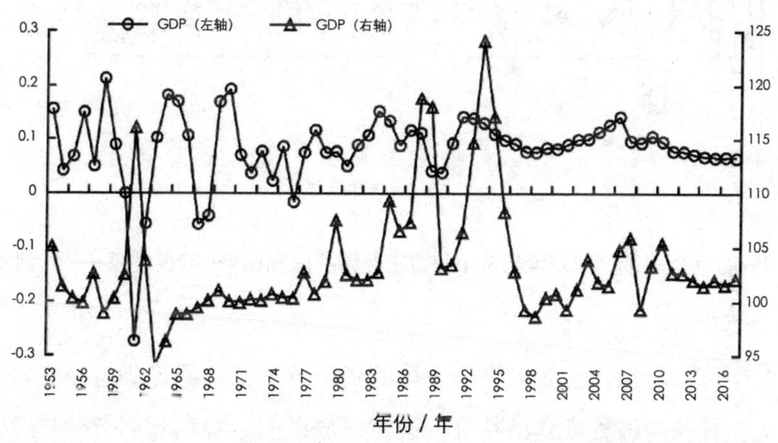

图 9-4　自 1949 年以来的 GDP 增速和 CPI 走势（缺少图源——作者核实）

在图中找出 GDP 和 CPI 的转折点，统观二者的走势，不难看出，不同经济背景下，如在亚洲金融危机、世界经济危机及新常态等特殊时期，我国经济增长和物价波动态势存在差异。改革开放之前，经济增长和物价水平波动频繁，且幅度较大；在两次经济危机期间，GDP 和 CPI 出现突变；新常态以来，GDP 和 CPI 的平稳走势与财政政策和货币政策“积极 + 稳健”的基调基本契合。货币政策直接决定了经济增长和通货膨胀走势，二者的相互关系如图 9-5 所示。

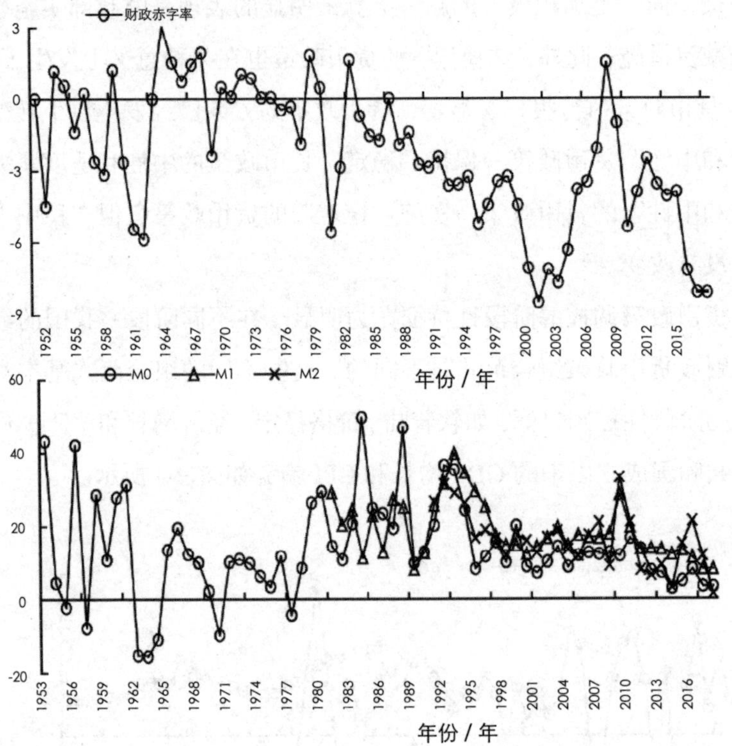

图 9-5 1949 年以来的财政政策与货币政策主要评价指标走势（缺少图源——作者核实）

从图中可以看出，宏观经济学领域的货币政策指标的走势与经济运行阶段相适应，具备阶段性变化的特征。改革开放以前，货币政策指标与经济运行的步调基本保持一致；在经济危机爆发后，货币政策指标的走势出现了较大的振幅；而步入新常态后，货币政策指标的走势则较为平稳。

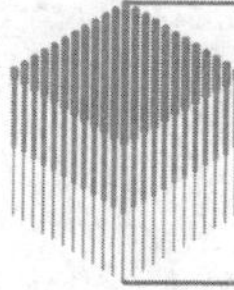

第十章　产业政策

第一节　产业政策的内容

一、产业政策的概念

从经济学的角度来看，产业政策的定义是不同的，是一个比较宽泛的概念。综合不同学者的观点，我们可以得出这样的结论：这些定义的出发点是不同的，也就是说，需要从广义和狭义两方面来定义。

从广义上讲，产业政策是所有相关措施的集合。农业经济学家认为，所有立法、政策或相关措施，以及为促进工业发展而采取的措施被视为产业政策。产业政策是国家维护经济社会正常发展的目标，工业作为宏观经济调控的对象，通过生产支持，主动或被动地参与某一行业或企业的生产、商业贸易活动，或者对商品、服务的直接或间接干预。也就是说，产业政策是市场形成政策和金融等市场机制的总称。

日本经济学家指出，对任何一个国家来说，产业政策都是重要的，因为它是一套现代化措施。如果一个国家的一个部门落后于其他国家，或者预测可能落后于其他国家，那么就有可能出现这种情况。

从狭义上讲，产业政策主要关注工业部门的正常状况。作为一项部门政策，日本经济学家认为，产业政策是一项旨在监管工业的总体政策，部门通过具体的政策工具，监管工业部门，干预部门之间的资源分配，并干预个别行业的分支机构，影响私营企业的活动水平。在分配市场资源和应对措施方面存在差距。

美国学者查默斯·约翰逊（Chalmers Johnson）认为，产业政策本质上是政府计划发展或限制的那些活动的总称，为在全球竞争中获得优势而在国内实行。这一观点也得到了韩国学者李敬世的支持，他也认为最终目标产业政策是指增长经济和提高竞争力，以及有效参与生产、投资和贸易的经济政策。

二、广义与狭义层面产业政策的关系

所有经济政策都在一定程度上影响工业，但并非所有影响工业的政策都是产业政策，这是因为其中一些政策不是以工业为导向的，而可能是针对财政的,也可能是针对货币的,还可能是针对土地使用、能源等其他经济方面的。因此,可以认为,只有针对产业的政策措施,才能够称得上是广义的产业政策。

从更为细致的层面对专门针对产业的政策体系进行划分，可以得到两种主要产业政策类型，即水平型和垂直型。前者针对所有行业，如研发和创新激励、政府采购政策；后者针对某一行业，例如策略性贸易政策、特别地区性政策、部门政策和技术政策。无论是水平型，还是垂直型的产业政策的实施，都是为了实现资源在产业部门间的有效配置。这种产业政策也被视为狭义的产业政策。根据以上内容的分析，对比广义产业政策与狭义产业政策，其相互间的关系如图 10-1 所示。

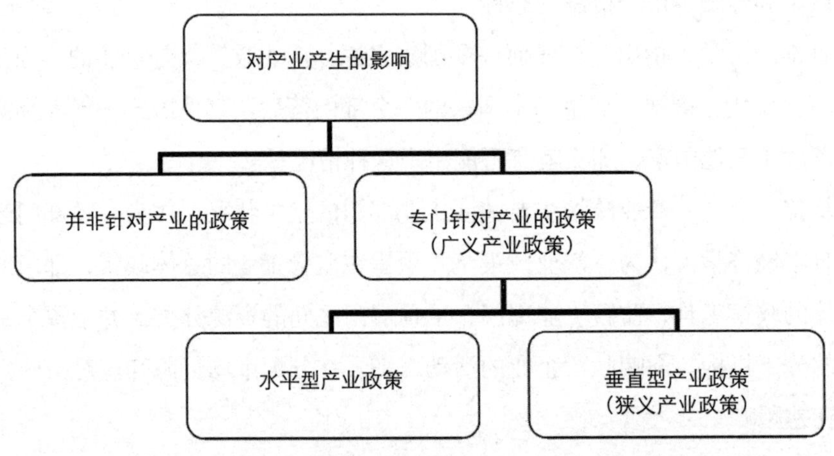

图 10-1 广义产业政策与狭义产业政策的关系（缺少图源——作者核实）

对此，本书所探讨的产业政策是基于产业政策的广义范畴，将产业政策界定为一国政府在总结本国内产业发展规律的基础上，依据产业发展要求，综合运用政策手段，并通过对产业资源在各产业部门的分配及产业结构的调整，促进产业发展与升级，最终实现经济增长的政策体系。

三、研究范畴的界定

依据不同的政策目标，产业政策有不同类型。例如产业结构政策、产业组织政策、产业技术政策及产业布局政策等。

（一）产业结构政策

产业结构政策是政府制定的政策，是根据一国产业结构在一定时期内的现状，依据产业结构的发展规律制定的合理的产业发展目标，并通过采取一系列措施实现这一目标。首先需要确定具有里程碑性质的主要工业政策。例如，作为产业长线的制约，衰落产业卷土重来，科学合理地调整产业结构，优化产业资源配置，从而促进国民经济的可持续发展。

产业结构政策的实质是通过保持合理性和一致性，促进经济增长，提高资源配置效率。从其目标来看，主要是基于行业结构的整体性，对不合理的行业结构进行重组，根据行业的重要性划分行业等级和确定发展重点，明确确定需要积极支持的优先行业和需要抑制发展的产业，采取有针对性的措施，确保科学、规范的产业结构，从而提高其国际竞争力，提高国民经济发展导向的正确性，从而促进其势头和效率提升。

（二）产业组织政策

所谓产业组织政策，是指干预和调整市场，以及统筹整个企业关系的政策。工业组织的政策旨在在经济发展竞争过程中与经济规模协调的基础上建立正常的市场秩序。

一方面，产业组织政策与产业政策相比，旨在优化产业间的产业资源配置，组织增长集中在资源利用上，即使其相互加强。如果不合理分配资源，就无法有效利用资源；同样地，如果资源没有在更高层次上使用，那么它们的分配是无效的。不管怎样，这最终会抑制国民经济的整体结构效率。因此，必须正确处理产业组织政策与产业政策的关系。产业组织政策通常被视为工业有效运作的微观基础。

另一方面，产业组织政策有不同的类型。一般来说，就其政策取向而言，产业组织政策可以分为促进竞争和限制垄断的竞争促进政策。除此之外，产业组织政策包括工业化政策和反垄断政策，反垄断政策和中小企业政策主要是为了维护正常的市场秩序。工业化政策是在自然垄断的情况下，鼓励专业化和规模经济，以促进合理的竞争。

从政策对象层面来看，根据作用对象的不同，将产业组织政策分为市场结构控制政策和市场行为控制政策。前者主要是从市场结构方面针对市场垄断行为而采取的禁止或限制政策，如控制市场集中度、降低市场进入壁垒等；而后者则主要是为防止出现过度竞争或不正当交易，甚至采取政策抑制诈骗、行贿等不道德商业行为的政策。

产业组织政策的目的为加速产业组织的合理化，最大限度地优化经济规模，调整竞争秩序，使其合理而适度。良性发展的竞争市场有助于最大限度地优化资源配置，实现资源的高效利用。另外，对于自然垄断的产业，不良竞争会导致规模经济效益流失，最终造成资源浪费。

政府需要立足于产业组织的不同发展阶段，结合基本国情，采取不同的政策措施，如鼓励竞争、限制竞争、促进集中、反对垄断政策等。无论选择哪一种政策措施，其最终的目的不仅是要享受规模经济效益，而且要维护市场的有效竞争，通过二者关系的协调，维护市场经济的政策运行，取得现实的利益。

（三）产业技术政策

以技术为重点的产业技术政策，以管理产业技术进步为重点，包括研究和发展援助政策，鼓励采用高新技术政策和技术引进政策。

研究和发展援助（研发）政策是一套政府为提高其产业的竞争力、加强其工业的科学和技术能力而采取的措施，如研究和开发新技术、新产品和新工艺。

鼓励采用高新技术的政策是以研究和发展援助政策为基础的，其旨在实现工业化的各种政策措施，将与高技术有关的研发成果商业化和国际化，包括高技术基础设施政策的商业化和国际化、组织新技术和高技术的政策、建立新技术和高技术开发区的政策等。

技术引进政策的基础是承认我国工业的技术，在此基础上弥补工业技术的不足，缩小与国外先进技术的差距，优化产业结构，最终实现包括引进技术在内的自主发展目标，包括消化吸收政策、保护国内市场政策和吸引人才政策。

产业技术政策也并非总针对不同的行业。首先，对于支柱产业和产业政策主导产业，重点发展共同基础技术；加快农业机械现代化；进行技术评估和选择；加快技术转让，强化技术市场功能，提高劳动力技能，引进、掌握和创造更好的技术，促进中小企业的技术进步；实施环境管理和环境保护。

其次，在“狭义”产业方面，产业技术政策应着眼于加强和升级其核心技术设备，加快大中型“窄”企业的技术升级和技术进步，促进“窄”产业的适当发展。

最后，就高新技术产业而言，产业技术政策应着眼于促进高新技术产业化和商品化；发展多渠道风险投资；促进高科技开发区的健康发展，并积极参与经济技术领域的国际竞争与合作，提高高新技术的国际竞争力。

（四）产业布局政策

产业布局政策是指通过干预区域经济活动提高国民经济综合效益的产业一体化政策，是政府在社会、经济、环境综合发展基础上的一整套政策，也是区域经济发展的原则和需要，从而规范生产结构和组织，提高经济整体效益。

所以，产业布局政策可分为区域产业结构政策和区域产业组织政策。解决这两大问题的基础是优化区域间工业结构规划和区域间工业组织规划，它最终指的是工业的空间分布和组合。同时，区域工业组织的政策主要针对区域间经济一体化的宏观调控。其目的在于通过反对区域性垄断及打破地区间壁垒，加强区域间的协作，实现资源共享及优化配置，以有效促进区域经济专门化和协作化的形成与发展。

第二节　产业政策的特点和作用

一、产业政策的特点

基于中国特色社会主义国情，与其他国家的产业政策相比，我国产业政策具有自身的特点，主要表现为产业政策体系的复杂性。这一点与我国产业政策制定主体的多元化及表现形式的多样化不无关系。政府制定的政策文件是我国产业政策主要的表现形式，除此之外，还包括法律、法规、措施、计划、纲要、手册、目录、管理方法和通知，也有更多不同的表现形式。可以说，最容易体现中国特色的就是中央发布的官方政策，中央机关执行的官方政策，地方政府和政府部门的官方政策、部门决议、会议决议、管理层的书面和口头指示，以及专项检查、专项整治，具有“政策界限模糊、覆盖范围过大”“行为不规范、直接干预市场”“明显的选择性”等特点。

（一）规模化导向

综观我国经济政策的演变，尤其是产业政策，可以发现，侧重于对大企业的扶持是我国产业政策的主要特征之一。这体现在对大型经营企业，特别是国有企业的保护上。和 20 世纪 90 年代初一样，在主要措施中，拟议对国有企业进行战略性重组，包括合并和破产、成立大型企业集团等；到 20 世纪 90 年代末，党在“十五大”提出了扩大规模、缩小规模的改革战略，因此一些地方政府把重点放在大企业的发展上，这种思想导致了行政主导，鼓励强化国有企业。

进入 21 世纪，推动企业重组、发展大企业集团战略，进而提高国内企业竞争力成为我国产业政策的主要任务。这类政策的实施，主要是为了解决当前市场经济运行中存在的两大问题，一是面对世界经济一体化趋势，国内企业竞争力普遍不足，只有打造大企业集团，发挥规模经济的优势，才能够提升国际市场竞争力；二是国内企业参差不齐，过于分散，为提高资源的优化配置及高效利用，需要通过相关的产业政策，提高市场集中度，实现资源的优化配置。同时，还能够避免过度竞争，维护市场秩序，促进市场良性发展。

一般来说，相关政策部门会在行业发展规划的制定或项目审批、核准条件时，不同程度地表现出区别对待，如对于在位的大型企业，倾向于扶持和帮助，而对于中小企业，则加以限制。在产业政策规模化导向下，一部分产业集中度得到提高，在此基础上，企业平均规模及专业化协作水平也得到了一定程度的提高。然而总体来看，在产业高集中度背景下，产业组织结构的不合理性并未因而得到改善。究其原因，是产业政策和竞争政策的不协调。其矛盾之处具体表现为，长期以来，我国产业政策都将规模经济及专业化协作的落实作为政策所追求的目标，却忽视了产业政策的根本在于“协调竞争秩序与规模经济的关系，实现资源的优化配置”。

（二）抑制部分产业产能过剩和防止过度竞争

20 世纪 80 年代，我国经济政策的重心在于促进供不应求产业的发展，产业政策则表现出适度从紧的特点，表现为对一些产业发展的控制或限制。如 20 世纪 80 年代初制定的“十二个不准”，限制 12 个“重复建设行业”发展，又提出“适当控制重工业的增速”，等等。

随着社会经济的不断发展，尤其是进入 21 世纪以来，产业政策又有了新的变化，其主要目标在于抑制部分产业产能过剩，这也是 21 世纪初期我国宏观调控的主要内容。在政策方针的导向下，对被列为产能过剩的行业所采取的政策措施为原则上不批准扩大产能的项目；对违反政策要求或未严格遵守审批程序的项目，将对其实行强制限制措施，如一律不得通过 IPO 等方式融资等。

（三）鼓励企业兼并重组，提高产业集中度

产业政策鼓励企业合并和重组，以提高企业的集中程度。

“十一五”期间，政府采取了一系列鼓励产业集中的措施。例如，鼓励合并和优化企业组织结构，以及鼓励大企业和欠发达企业之间的合并，以此作为十大产业的重组和更新计划。因此，“十二五”规划的重点是鼓励企业合并重组，加强产业集中，适应具体的经济条件和社会发展状况，在这方面，

一些地方政府遵循政策文件，如《国务院关于促进企业兼并重组的意见》，或者其他“优化资源配置，优化产业升级，优化企业组织整合”的方针。其目的是促进该区域的产业政策发挥作用。但这种方法可能使该区域某些地区的生产结构发生重大变化，或带来产业高度集中易引发的不良后果。因此，在这种执行政策的方法上存在着相当大的分歧。在企业合并重组过程中，应对一些失控行为提出批评，因其不考虑独立法人的地位、所有权和企业意愿。

（四）鼓励技术进步和创新

我国的产业技术政策属于产业政策范畴，从这个角度来看，产业技术政策可以被视为整个国家的技术政策。产业技术政策一般随着一国产业发展及环境的变化，尤其是随着科学技术发展程度的变化，而发生相应的调整。

不同时期，产业技术政策所关注的重点是不同的，但基于产业技术政策的实质，其主要内容是基本一致的，即推动产业技术进步，完善有助于技术提升的法律法规体系，创造有利于技术进步的良好环境，构建以企业为主体的国家技术创新体系。

（五）多部门联合行动及综合性行政干预措施

我国采取的是中央集权的国家制度，在经济政策的实施手段上，尤其是产业政策的实施手段上，以政府为主体的行政干预性措施为主要手段。与此同时，政府尽管是这些行政干预性措施的制定者，但却并非政策实施的唯一参与者，因此产业政策的执行是综合性的，有关的行业当局有时会与这类部门采取联合行动，比如质量管理、投资管理、环保、领土、金融等。

一般来说，这种“综合运用法律、经济、技术、标准和必要的行政手段”（往往主要是行政手段）结合问责，能够更好地调动各相关部门，综合运用产业、金融、土地和环境政策，可以在一定程度上加强部门结构之间的相互作用，对市场结构和一些企业的命运有很大的影响。

（六）对微观经济进行直接行政干预

为了使我国的产业政策发挥作用，必须充分利用市场机制。由于长期计划经济体制的影响，以及计划经济的强大惯性和政府干预主义、部门利益和租赁动机的影响，产业政策已经变得太强，无法直接干预市场。这体现在产业政策的广泛覆盖面上，它几乎涵盖了国民经济的所有类别，以及产业政策在数量和质量上的重大变化。因此，需要以部门为基础，增加政策措施的数量、覆盖面和具体化，加强市场准入、项目审批、土地审批等，管理批准贷款和强制淘汰过时的生产设施。当涉及产业结构政策或条例的实施时，仍然偏重行政手段。例如，价格管制和行业组织的政策，主要是通过行政手段规定强制性行政措施，如将“本地化”作为结构调整的手段；产业技术政策旨在有选择地发展特定的技术、工艺；等等。选择政府而不是市场机制，限制竞争，但这种做法又导致行业结构、龙头企业、技术路线等都出现了问题。

（七）产业政策体系的多层级性

我国产业政策体系是多层级的，中央政府或地方政府均可成为产业政策制定的主体，以推动区域内产业的发展。值得注意的是，尽管不同的层级主体能够制定或实施相应的产业政策，但这种上下层级关系，并不意味着产业政策一定统一。不同主体之间的水平、利益和目标的差异可能导致对产业政策的扭曲或选择性解释。

产业政策体系的多层次性和产业政策的多层面性使产业政策的制定和实施变得更加复杂，影响和约束中央、地方、企业等不同主体，往往导致政策没有产生预期的效果，甚至没有产生效果。

二、产业政策的作用及局限性

基于对产业政策的一般认知，同时结合国际上各国产业政策实践来看，产业政策主要是各国政府从本国经济发展的现状及长远考虑，为稳定社会经济秩序所制定的有关产业发展的各种政策总称。从这一层来看，产业政策是政府干预经济的最直接体现，也是市场干预的最高形式及结果。

概括地说，一定时期的产业政策是与市场环境相适应的，是伴随政府克服市场缺陷的需要应运而生的，并随市场需求的变化而不断变化。不仅如此，从国际层面来看，产业政策也是发展中国家实施“赶超战略”、应对激烈的国际竞争的必然之举。由此可以看出，产业政策不仅关乎国内经济局面的稳定，同时还是提升国际市场地位的客观要求。由此，对于一个国家来说，产业政策是关乎国家产业发展全局的一个比较完整的政策体系。

产业政策在经济活动中起重要作用，在理论层面上，其作用特别表现在目的、内容上。就政策目标而言，产业政策是多方面的，不仅包括经济目标，还包括社会目标，例如：规范产业间资源配置，调整和消除市场失衡，促进产业结构优化，有针对性地对相关产业进行扶持或抑制；通过产业结构调整及资源配置，创造更加稳定、完善的市场环境及秩序，使产业发展与时代及市场需求保持一致，引导重点产业参与国际竞争；等等。

从产业政策的作用来看，产业政策具有更广泛的性质，不仅涉及产业结构的高度发展，根据其产业地位选择产业发展重点，还涉及产业组织合理化等多方面领域，包括产业发展的地域分布及产业政策的制定。一般来说，产业政策具有鲜明的民族性，因为它是建立在国家现实的基础上的。例如资源供应、经济发展阶段、政治和经济制度及文化传统。

实施工业政策的手段，不只包括政府的直接措施，例如配额制度、发牌、国家直接投资等。

从产业政策的性质来看，产业政策带有一定的政治属性，是国家或政府部门实现社会管理的一种政策性措施。从这一层面来看，可将其视为政治性的制度安排，体现政治体制约束的政治理性要求，因而透过不同时期、不同阶段的产业政策，能够明显地感受到其所蕴含的国家利益、政治利益及政治倾向。

从实际角度看，产业政策的作用是对国民经济的发展起积极的促进作用，如第二次世界大战后，日本经济从战后的衰退到快速崛起，再到成为一个经济强国，这一现象与积极的产业政策有关。在日本经济发展取得重大进展后，大韩民国也遵循了其发展模式，强调以产业政策作为政策的出发点，借助政府的力量，积极促进产业结构的优化，经过 23 年的努力，它最终导致了工业化的解体，并在政府的有效领导下提高了国家的经济实力，在国际市场上占有一席之地。而作为经济强国的美国，在面对国际竞争的局势时，为增强竞争实力，加大研究开发活动的投资，采取多种配套措施，促进技术创新，利用“战略贸易政策”开辟国外市场，这些都为其国内产业在国际市场中竞争力的提升奠定了重要基础。

从我国的经济发展历程来看，自中华人民共和国成立以来，中央人民政府所实施的一系列产业政策，对我国产业结构及其发展有着显著的作用。中华人民共和国成立之初，为了尽快恢复国民经济，我国政府采取了优先发展重工业的产业政策。之后，随着社会的发展与进步，尤其到了 20 世纪末，为了消除 20 世纪 80 年代后期出现的基础产业发展滞后的“瓶颈”，政府出台一系列关于能源、原材料和交通运输等基础产业的产业政策。再到之后的“八五”“九五”时期，重复建设问题成为政府制定产业政策的出发点，至此，有关结构调整、产业升级等产业政策相继出台。如今，产业政策调整的步伐从未停止，面对当前的经济现状，政府正大力推行经济结构战略性调整，这都说明产业政策在国民经济发展中的重要性及地位。

在分析产业政策在理论和实践两方面作用的基础上，产业政策虽然对促进国家经济发展起重要作用，但不幸的是，其结果还没有研究过，这方面最明显的表现就是产业政策作用的局限性。这种局限性不仅表现在政策的无效性上，而且表现在实施中央产业政策的过程中，例如在具体实施过程中，当地区利益与国家利益或整体利益出现矛盾时，产业政策的目标不但未能达到，它还导致了与产业目标相冲突的产业条件的出现。不仅如此，政府行为在市场经济中得不到释放，导致产业政策在落实中得不到有效保证，造成产业政策的性质、作用范围、实施的制度环境等方面存在缺陷，如对大多数产业的发展来说，产业政策是以市场机制为依据，但独立于市场之外的重要成分。只有产业政策深入产业内部，对产业发展的技术、资本、人才等要素产生影响时，才预示着产业政策作用的发挥。否则，以政府行为超出自身作用范围为前提而实施的产业政策，只会因过度取代市场作用而适得其反。

第三节　产业政策的制定和实施

改革开放以前，我国以高度集中的计划经济体制为主，一度资源的配置主要依赖于计划，也就不存在明确意义上的产业政策。直到改革开放，产业政策的研究与制定被提上政府工作日程，我国才开始尝试以产业政策来调节经济发展。借鉴国外经济发展的先进经验，并集合我国经济、社会发展的需要，我国制定并推出了一系列立足于我国国情及经济发展的产业政策。在这些产业政策中，有的对经济发展起积极的促进作用，但也有一些产业政策作用不明显，甚至表现出消极的一面。为了保证产业政策的科学性及有效性，需要针对产业政策的制度与实施展开探讨。

一、正确界定产业政策的边界

综观我国产业政策，可以发现产业政策重点扶植的行业和部门过多、覆盖面较广。在很长一段时间内，我国许多产业部门据理力争，纷纷要求国家给予政策上的扶持。如冶金、煤炭、交通运输及农林等部门，以“瓶颈”行业或基础行业为由，希望政府部门给予优惠政策，优先发展；而航空航天、微电子等领域则以高新技术行业为由，也希望得到政府部门的特别关照，优先发展；还有其他行业，如机械、汽车制造、建材等以出口创汇为由，希望得到政府政策优惠，优先发展。

不难看出，产业政策所涉及的范围之广，几乎涵盖所有行业及领域，尤其是20世纪80年代以来，产业政策的干预面更是几近覆盖所有产业部门。1994年颁布的《90年代国家产业政策纲要》所确定的重点产业包括基础设施和基础工业、农业、机械电子、石油化工、汽车和建筑业等支柱产业，这些产业占整个国民经济总量的一半之多。20世纪90年代末，我国产业政策重点扶持的行业约为29个，涉及产品四百余种。在产业政策的具体落实中，容易出现重心不稳的情况，从而造成产业政策总体失效。从政府层面来看，在面对大规模的产业部门时，政府所具备的知识、信息及能力等不足以支撑其进行干预，要是勉强实施干预，最终效果也会大打折扣。由此可见，适当缩小产业政策的干预范围，能够提高产业政策的执行力度及效度。

由此，在产业政策的制定及执行时，应适当控制产业扶植范围，立足于产业升级、工业化及信息化发展的要求，遵循产业发展的阶段性，对于重点产业给予特殊关照及支持，以提升产业竞争力，实现经济增长方式的根本转变。

那么，产业政策应该针对哪些产业呢？笔者认为，可综合考虑两种情况，一是市场失灵的部门和领域；二是个别涉及国家重大利益的战略性产业或部门。除此之外的其他产业及领域则以市场机制为主，由市场进行资源的优化配置。随着社会经济的不断发展，产业政策思想也应该顺应时代及市场的发展而变化，即由鼓励重点行业扩大规模转向提升产业素质及竞争力，以实现经济增长方式的转变及质量的提高。

面对经济全球化及一体化趋势的发展，要想在国际竞争中立于不败之地，创新与发展是永恒的主题。“创新是一个民族进步的灵魂”，对于任何一个国家来说，提升国家实力的关键在于创新，也就是说，掌握创新能力及战略产业的核心技术是国家获得竞争优势的关键。战略核心技术在国民经济发展中有着突出地位，是国家战略意图的集中体现，关系着国家安全和经济社会发展，如信息、生物、纳米、集成电路、数字机床、汽车、航天工业、中药等产业。

面对日益激烈的国际竞争，产业政策的发展必须以战略技术的发展为前提，强化国家战略意识。通过综合世界各国的发展经验，可以归纳出战略技术在经济发展中扮演着重要角色，为经济社会的可持续发展提供了产业和技术基础，对经济结构及产业结构升级有着较强的拉动作用，实现经济发展并维护国家安全，避免国家因技术而受制于人。当前，西方资本主义国家凭借其技术优势，企图对我国施行“遏制”政策，在这样的背景下，发展战略技术显得尤为必要。

我国科学技术的发展水平与国外发达国家相比还有一定的差距，而这些国家对于核心技术及高新技术采取保密及封锁政策，因此我们要想做到赶超，实现经济的跨越发展，通过技术引进的渠道是行不通的，我们需要依靠自己的力量，在某些关键行业及领域，通过自主技术的创新，发展关键产业和高新技术产业，从而赢得竞争优势。在我国，通常都会对关乎国家安全及经济命脉的重要产业实施相应的产业政策，从而使得我国在规模经济和不完全竞争市场条件下，培养出具备竞争力的战略性产业。

二、最大限度发挥市场机制作用，制定实施竞争性产业政策

一般而言，政府以弥补市场失灵为基准点对产业政策进行制定和实施。依据上述内容，产业政策的基础为市场机制，因此绝不能完全替代市场功能。产业政策的制定在于对经济市场可能出现的问题进行选择。例如，从政府层面对国民经济结构进行合理调控，甄别具有发展潜力的产业，判断能够达到规模经济的企业规模。此外，一些企业缺乏完备的能力、信息和规模以确定采取某种手段进行生产，此时也需要依据产业政策进行选择。

在市场经济的背景下，如果想要使产业政策发挥理想的效果，就一定要符合宏观经济发展的客观规律。政府制定、实施产业政策的对象主要是需要巨大投资的基础性研发活动、有外部性特征的公共物品领域，以及在经济市场中失灵的其他领域。而对于经济市场内部中可以有效地完成资源配置的产业和部门，不应该运用产业政策进行过多的干预。总而言之，针对有需要的产业和部门，运用市场化手段实施产业政策，最大限度地减少产业未来发展可能会面对的负面影响。

产业政策在产业市场中的发挥并不意味着其完全取代市场机制对经济活动的基础性调节，更不意味着它与这种基础性调节相互排斥。产业政策在产业市场中的发挥要以尊重和利用市场机制为前提，对产业市场中存在的缺陷进行弥补。在经济全球化的背景下，为顺应时代的发展，产业政策也应该做出相应的改变。一般来说，传统产业政策实施的方法和手段倾向于纵向的、行政性的，是针对某一产业的“倾向性”扶持。但是现在的产业政策则需要

逐步转变为横向的，使市场能够形成公平竞争，促进“竞争性”。在强化全球竞争意识的前提下，使我国企业在国际市场中的主体作用日益增强，国际协调能力飞速发展，国际规则运用能力稳步提升。同时，产业政策还需要通过法律保护我国的企业。

我国经济体制改革的总目标是建立完善的市场经济，也就是说我国宏观经济市场化进程需要加快。这就需要将竞争性企业向市场推广。产业政策的未来发展方向倾向于发挥功能性导向作用，以提供产业市场相关信息，建立与维护产业市场的秩序，以及保障宏观经济的安全为主要内容，让经济市场的竞争环境更加公平、公正和法制化。主要有以下几方面内容。

（一）实行公平的税收政策

实施产业政策的主要方法之一是使用税收政策进行配合。一般来说，税收政策配合产业政策的主要手段是设置合理的税种、税目和税率，在此基础上，发挥积极的调控作用。与此同时，针对竞争型企业，现行税收制度需要循序渐进地进行完善，并逐步扩大我国消费税的征收范围，将国内企业和外资企业的所得税统一，以更加透明稳定和公平科学的税收政策促进竞争性企业的发展。

（二）完善技术质量标准体系

技术质量标准可以说是维护市场秩序、保证消费者权益和实现公平公正竞争的基础，也是产业政策重要的内容。在建设市场经济体系的进程中，产业政策除了要与国际技术质量标准接轨，还要建立我国的技术质量标准和完善技术质量标准执法系统，以形成完备的技术质量体系。只有建立严格的、完备的技术质量标准体系，产业市场才会形成良性竞争。

（三）制定并实施反垄断相关法律

产业市场垄断力的形成容易导致市场丧失活力，因此需要制定并实施反垄断的相关法律，以营造适宜的竞争环境，维持市场繁荣发展。反垄断的相关法律要放开行业的准入门槛，促进行业竞争，使产业结构内部企业的效率提高。除此之外，还需要通过反垄断的相关法律处理产业结构内部垄断与竞争的关系。

（四）促进产业信息交流共享

不论是对于我国的市场经济体系，还是对于全世界的经济发展，信息都具有极强的导向作用。因此，产业信息的交流与共享是极其必要的。产业政策以提供充足的、明确的、及时的信息为内容，生产者和消费者就可以更全面地了解技术、产品和市场的动态，并以此为基础，做出积极的、及时的反应。在此方面，日本的相关经验值得我国借鉴。日本政府在产业政策调控中扮演信息发布者和信息传播者的角色，即政府负责发布产业研究报告、公示宣传方案或公布政企合作研究计划等。各生产者和消费者在了解产业动向后，不断关注新科技，竭尽全力地引领新变革，形成产业竞争，促进经济市场良性循环。典型案例为日本政府开展能源运动以促使日本厂商节约能源。

参考文献

[1] 田应奎．宏观经济调控 [M]．北京：中共中央党校出版社，2007.

[2] 李文溥. 中国宏观经济分析与预测: 走向经济新常态 [M]. 北京: 经济科学出版社，2015.

[3] 建筑考试培训研究中心．宏观经济政策与发展规划 [M]．北京：中国铁道出版社，2010.

[4] 范方志，赵明勋．当代货币政策：理论与实践 [M]．上海：上海三联书店，2005.

[5] 庞明川．建党百年宏观经济政策的探索与创新 [J]．财经问题研究，2021（07）：11-26.

[6] 周叔莲，郭克莎．资源配置与市场经济（下）[J]．管理世界，1993（05）：41-47.

[7] 王国平．资源配置效率与经济制度结构 [J]．学术月刊，2001（02）：47-51，46.

[8] 刘树成．论中国宏观经济调控 [J]．经济与管理研究，2005（04）：3-8，17.

[9] 韦群跃．关于宏观经济调控政策的思考 [J]．经济问题探索，2009（08）：182-186.

[10] 许经勇．我国宏观经济调控政策的回顾与思考 [J]．财经研究，2003，29（02）：3-7，69.

[11] 陈端计．21 世纪初叶中国宏观经济调控的国情特色 [J]．探索，2003（04）：52-54.

[12] 张银杰. 论政府宏观经济调控收到良好效果的条件 [J]. 当代经济研究，2010（01）：33-38.

[13] 余旭．我国宏观经济调控政策研究 [J]．金融与经济，2009（06）：23-24.

[14] 杨宇．试论我国宏观经济调控的主要任务和基本目标 [J]．现代情报，1999（01）：

62-63.
[15] 吴一曦．完善宏观经济调控政策之我见 [J]．记者观察，2018（32）：43.
[16] 张世伟，赵东奎．一个基于主体的宏观经济模型 [J]．管理科学学报，2005，8（02）：7-12.
[17] 申树斌．宏观经济模型研究 [J]．中小企业管理与科技（下旬刊），2010（12）：133-134.
[18] 刘敏，张艳琴．劳动报酬增长对我国物价水平的影响：基于投入产出模型的研究 [J]．兰州大学学报（社会科学版），2012，40（01）：117-120.
[19] 赵松山，白雪梅．经济计量模型的选择 [J]．哈尔滨商业大学学报（社会科学版），2003（01）：70-73.
[20]《国家财政模型》课题组．我国宏观经济计量模型及政策模拟分析 [J]．中国软科学，2000（08）：114-120.
[21] 徐亚平．论宏观经济运行态势与货币政策调控的有效性 [J]．学习论坛，2007，23（03）：28-30.
[22] 郭潮瑞．宏观经济预测理论及其在中国宏观经济中的应用研究 [J]．现代国企研究，2018（10）：87.
[23] 张世英，刘玉杰．宏观经济走势预测理论与方法的回顾与展望 [J]．天津大学学报（社会科学版），2005，7（04）：275-279.
[24] 王淑芝，纪跃芝．经济预测方法及应用 [J]．现代情报，2004，24（12）：184-185.
[25] 董正信，刘静暖．完善宏观经济管理理论体系的探讨 [J]．河北大学学报（哲学社会科学版），2001，26（02）：8-10.
[26] 阴玮宁．新时代宏观经济管理改革与创新探析 [J]．商场现代化，2021（08）：181-183.
[27] 邓皓瀚．企业市场经济发展中宏观经济管理的重要性 [J]．商情，2019（33）：85，136.
[28] 李秀敏．宏观调控手段在经济管理中的应用 [J]．中国商贸，2014（02）：142-143.

[29] 张连城，郎丽华. 中国经济走势与宏观经济政策取向 [J]. 经济理论与经济管理，2012（05）：5-11.

[30] 万玥希，王金秀. 积极财政政策的新方向新要求 [J]. 中国财政，2021（08）：55-56.

[31] 贾康，苏京春. 论中国财政政策与货币政策的协调配合 [J]. 地方财政研究，2021（02）：39-52.

[32] 何承文. 供给侧改革下财政政策的取向 [J]. 财经界，2016（18）：14，19.

[33] 沈少川，郭克莎. 新时期我国财政政策预期管理有效性的实证研究 [J]. 学术研究，2020（05）：98-103.

[34] 黄金竹. 中国货币政策和财政政策相对有效性的实证研究 [J]. 统计与信息论坛，2005，20（03）：82-85.

[35] 马建堂，刘南昌，张素荣. 投资走势与投资政策 [J]. 中国工业经济，2000（05）：35-39.

[36] 杨萍. 推动与竞争政策相适应的投资政策转型 [J]. 宏观经济研究，2020（06）：5-13，101.

[37] 李姝. 经济转型期影响产业投资结构的因素研究 [J]. 商情，2017（36）：55.

[38] 范旭东，付思思. 我国货币政策对企业投资的影响研究 [J]. 中国集体经济，2015（34）：28-30.

[39] 钟廷勇，许超亚，李江娜. 产业政策、市场竞争与企业创新策略选择 [J]. 江海学刊，2021（02）：105-112.

[40] 广一霖. 产业政策有效性视角下的政府作用 [J]. 生产力研究，2021（01）：31-35.

[41] 吴桂林，刘艳艳，韦宝秀. 产业政策制定和执行过程中的政府行为分析 [J]. 中国集体经济，2010（01）：56-57.

[42] 林水源. 中国宏观经济运行态势及面临的问题 [J]. 世界经济与政治，2003（07）：11-16，77.

[43] 徐亚平. 宏观经济运行态势与货币政策调控的有效性 [J]. 哈尔滨金融高等专科学校学报，2007（01）：1-4.

[44] 王淑华. 宏观经济不确定性下的信贷资源配置与政府干预 [J]. 武汉冶金管理干部学院学报，2018，28（04）：6-8.

[45] 周法兴. 中国政府投资政策转变及其影响研究 [D]. 武汉：华中科技大学，2007.

[46] 张志栋. 我国财政政策和货币政策相互作用的研究 [D]. 上海：上海财经大学，2012.

[47] 贺妍. 货币政策对企业投资行为的影响机制研究 [D]. 苏州：苏州大学，2016.